その一言に、品格が現れる。

一流の人が言わない50のこと

中谷彰宏

日本実業出版社

今の自分の言葉は
恥ずかしくないと
言えるだったかな
中谷彰宏

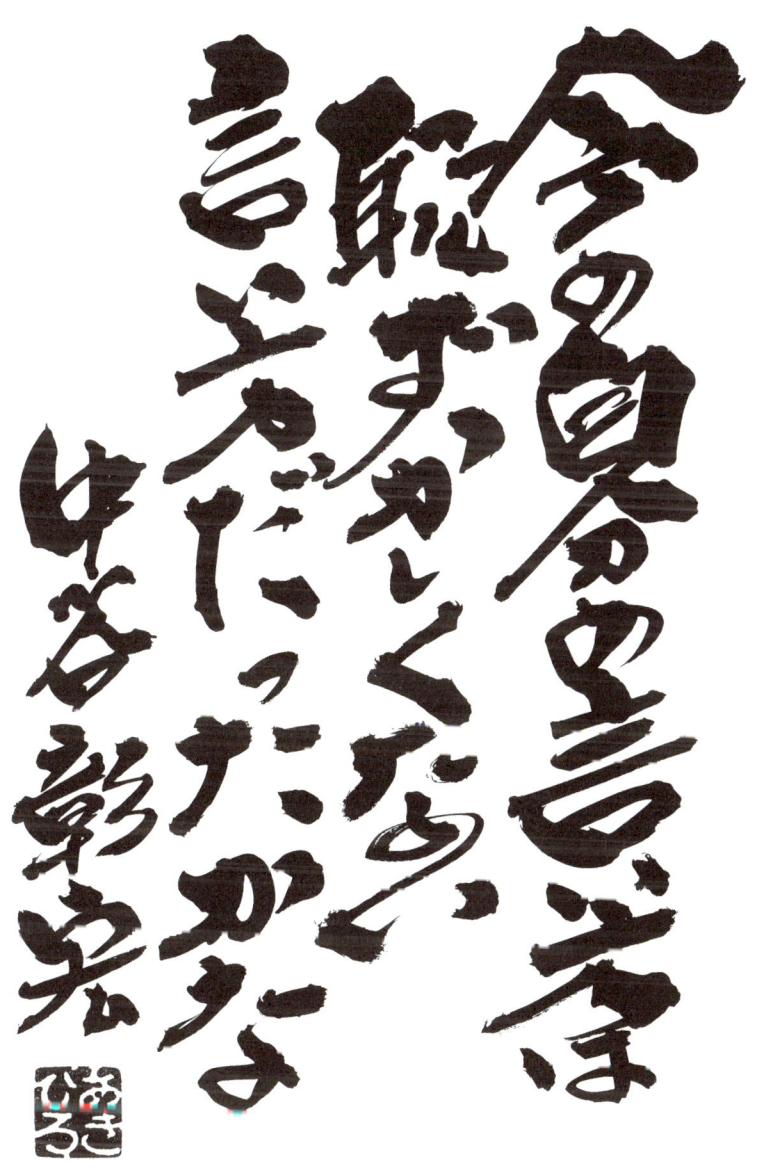

この本は、３人のために書きました。

①自分の器を大きくしたい人。
②部下を動かしたい人。
③部下を育てたい人。

00

はじめに

「君、いくつ？」と言わない。

一流の人は、
①いかに自分に負荷をかけて成長しているか
②どういう人間関係をつくっているか
という2つのポイントを考えています。

人間関係のポイントとして、二流の人は初対面の相手にすぐ「君、いくつ？」と聞きます。

まず、相手の年齢を確認して、年上の人にはペコペコして、年下の人間には高圧的になるのです。


人間は、すべての人から吸収し、すべての人を先生とすることで成長します。

年齢を基準にして人間関係を構築しようとすると、成長できなくなるのです。

習いごとでは、自分より年齢の若い先生もいます。

たとえば、肩が凝ってマッサージに行くと、マッサージ師さんが自分よりもはるかに年齢が若かったりします。

病院の先生に「君、いくつ？」と聞く人は、治してあげたいと思われなくなります。

「担当の先生が若くて不安だから、もっと年齢が上の先生に代わってください」という意味になるのです。


その人の実力は、年齢やキャリアといっさい関係ありません。

若くてもできる人もいれば、年をとってもできない人もいます。

二流の人は、すべての基準を、年齢、キャリア、社歴で判断するのです。

組織の中で、すぐに「何年入社?」と聞く人がいます。

そんなことは今やっている仕事には、まったく関係ありません。

年齢を聞かなければできない仕事などないのです。


二流の人は年齢を聞かないと仕事が進められません。


相手にどういう言葉で話していいか、わからなくなるからです。

本来、人間関係はフラットな関係で構築していくものです。

「君、いくつ?」と聞く人は、「年齢」という縦軸の中でしか話ができないのです。

マンションの人は、上司でも部下でもありません。

マンションの理事会で、初対面で「君、いくつ?」と聞くのはおかしいのです。

このタイプの人は、男性は年上のほうが偉い、女性は年下のほうが偉いと思っているのです。


年齢がすべての基準になると、相手の持っているすばらしさにも気づけません。

すべての人を先生にすることによって、みずからがより成長できるのです。

年齢を知らなくても、つき合いはいくらでもできます。

二流の人は、年を聞いて自分より年下だとわかると、今まで丁寧語だったのに、いきなり横柄な言い方に変わります。

まわりからは「この人、いったいなんなんだろう」と思われてしまうのです。

一流と二流は、たったひと言で差がつくのです。

一流になるために その0

年齢で、相手を判断しない。

心をつかむ一流の人の習慣

0 年齢で、相手を判断しない。

1 「常に見られている」という意識を持とう。

2 「私は、いいんだけどね」と言わない。

3 「それ、知ってる」と言わない。

4 「勉強になった」と言おう。

5 反論できない立場であることを、理解しよう。

6 意見を聞くふりをして、責任を逃れない。

7 意見に「誰」を持ち込まない。

8 一流の人ほど、素性を明かさない。

9 「高い金を払ってるんだぞ」と言わない。

38 厳しく言うことで嫌われることを恐れない。

39 師匠にほめてもらえるよう工夫しよう。

40 「昔は、よかった」と言わない。

41 未体験で、「面白くない」と言わない。

42 「責任はすべて自分にある」と言おう。

43 他の人がすでに言っていることに気づこう。

44 クレームはリーダーに言う。

45 担当の人を、リスペクトしよう。

46 「みんな、わからないよ」と言わない。

47 売れている理由を分析しよう。

48 聞く前に、体験してみよう。

49 恐れを言うヒマがあったら、工夫しよう。

50 「ついている」と言おう。

Contents

一流の人が言わない50のこと

2章 一流の人が、人を動かすために言わないこと。

✶リーダーとしての軸のつくり方

3章 一流の人が、人を育てるために言わないこと。

★人がついてくる話し方

4章

一流の人が、人のために言わないこと。

✶お節介にならないつきあい方

5章

一流の人が、追いつめられたとき言わないこと。

＊リーダーになる人の尊敬される話し方

カバーデザイン◎小口翔平（ｔｏｂｕｆｕｎｅ）
カバー写真撮影◎為広麻里
本文デザイン◎新田由起子（ムーブ）
本文ＤＴＰ◎徳永裕美（ムーブ）

1章

一流の人が、器を育てるために言わないこと。

★自分を下げない生き方★

01

「私だって忙しい」と言わない。

人間の評価は株価と同じです。

そのひと言で、株価急落のようなことが起こります。

マスコミの現場でも、そういうことはよくあります。

以前、不祥事を起こしたある会社の経営者が、「どうなっているんですか」と厳しく追及されました。

その言葉についのって、「私だって寝てないんだ」と言ってしまいました。

それがTVで流れて、ますますその会社のイメージが下がりました。

みんなに見られているという意識がまったくないのです。

常に「今、カメラがまわっている」という意識を持てるかどうかです。

今までオーナーカンパニーだったところが株を上場した時に、証券会社の人が一番困るのが、会社の意識が変わらないことです。

株主がいることがわからなくて、「オレの会社」という意識が抜けないのです。

実際は、株を上場したら株主の会社になります。

「カメラがまわって、みんなに見られている」という意識を常に持つことが大切なのです。

一流になるためにその1

「常に見られている」という意識を持とう。

02

「私は、いいんだけど」と言う人より、「私は、イヤだ」と言う人が尊敬される。

二流の人は、「私はいいんだけどね」と言います。

本当は、その人自身が一番イヤだと思っているのです。


二流の人は嫌われることを極端に恐れて、好き嫌いが言えなくなります。

「Aが好きでBは嫌い」と言うと、Bを支持している人から嫌われます。

「私はいいんだけど、上がなんて言うか」

「私はいいんだけど、みんながなんて言うか」

「私はいいんだけど、お客様がなんて言うか」

そう言っていれば自分は嫌われないと思っています。

聞いた側からすると、心の中で「と言いながら、自分が一番イヤなんじゃないの」と思っています。

ホンネとタテマエのギャップがあまりにも見え見えで、薄っぺらな人に見えてしまうのです。

それよりは、たとえ企画をボツにする時でも、**「こういうの嫌いなんだよね」**と、はっきり言ったほうがいいのです。

自分が乗り気ではないことを、他者の責任にしないことです。

嫌われまいとふるまうことで、「器が小さいな」と思われるのです。

一流になるために　その2
「私は、いいんだけどね」と言わない。

03

「知ってる」より「知らない」と言える人が、尊敬される。

「部下がなかなかホウ・レン・ソウをしない」と文句を言う上司がよくいます。
それは、前に部下がホウ・レン・ソウをした時のリアクションが悪かったからです。
リアクションがよければ、部下はもっとホウ・レン・ソウをしたくなります。

一流の人も失敗しないわけではありません。
一流の人は、自分が部下をガッカリさせたことに気づけます。
二流の人は、ガッカリさせたことに気づかずに言い続けます。
部下が何かを報告した時に、「それ知ってる」と言うと、部下はガッカリします。

「知っているなら、もう話さなくていいや」となるのです。

ホウ・レン・ソウをさせない原因は、上司がつくっています。

結果として、情報が集まらなくなるのです。

企画会議で、部下が企画を出します。

最初にカテゴリーを言って、その先に知らない話が出てきます。

「それ知ってる」と言った瞬間、知らなかった新しい話が入ってこなくなります。

二流の上司は、「それ何？」「知らない」「教えて」と言えません。

言ったら負けだと思っています。

勝ち負けで勝とうとするのです。

企画を話そうとした部下は、「それ知ってる」と言われた瞬間に、叩きつぶされた感があります。

「上司が知っているかもしれない」「読んだかもしれない」「見たかもしれない」と

いう話の中にも、新しい発見のある可能性があります。

それを聞こうとしないのです。

二流の上司は常に「部下に勝たなければ」と思っているから、「それ知ってる」と言うのです。

それは、自信のなさであり、コンプレックスの裏返しです。

「知らない」「教えて」と言える人のほうが、自信があって、器が大きいのです。

アイデアを出せと言いながら、なかなか出てこない状況は、上司自身がつくっているのです。

一流になるためにその3
「それ、知ってる」と言わない。

04

「時間を返せ」とは言わない。

自分の見た映画や本が面白くないと、「時間を返せ」と言う人がいます。

「忙しいオレの時間を奪いやがって」と言うのです。

この人は、体験から何も学び取ろうとしていません。

講演でも、同じ話を「面白かった」と言う人と「いまいちだった」と言う人に分かれます。

結局は聞き手の力量です。

問題意識を持たずに聞きに来ている人は「面白くない」と言います。

講演のアンケートで「いまいちだった」と書く人は、途中から入ってきた人です。

頭から聞いていないので、話がわからないのです。

そもそも途中から来るようなモチベーションなので、期待感も問題意識もありません。

断り切れずにつき合いで来た人にアンケートをとってもムダです。

「すっごく面白かった」と言う人は、本もさんざん読んで、質問も考えて来ます。

自分の今抱えている問題を解決するヒントを1つでも得ようとか、社員に何か1つでも持って帰ろうとしています。

そういう人と同じ重みの1票というのは、おかしいのです。


究極は、高い・安いの話になります。

本のアンケートで、本の値段が「高い」「普通」「安い」という質問がよくあります。

この質問自体がおかしいのです。

自分の好きなジャンルのものはすべて安いし、興味のないものは高いのです。

ただし、興味のない人は買わないので関係ありません。

「宝塚のチケット2万円は高い」「クラシックのコンサート2万円は高い」とか言いますが、そんなことを言う人はそもそも行かないのでお金を払わないのです。

「高い・安い」は、お金を払ってはじめてわかることです。

お金を払わない人にその質問をしてはいけないし、お金を払わない人はそのコメントをしてもいけないのです。

一流になるために　その4

「勉強になった」と言おう。

05

反論できない相手に、それ以上言わない。

反論できない立場の人に怒っている人は、これだけでも器の小さい二流の人です。
世の中には、いろいろな組織があり、力関係があります。
相手が1対1で反論できる立場にいる人なら、強く言っていいのです。
反論できない人間に強く言うのはズルいことです。
負けている相手を叩きつぶしているのです。
一流の人は、相手が反論できない立場だとわかると、それ以上は言いません。
二流の人は、相手が反論できない立場だとわかると、さらに言いつのります。

どちらも相手が反論できない立場であることはわかっています。

反論できない立場の人に強い主張を続けること自体、二流のあかしです。

裏返して言えば、**自分が反論できない立場でも臆せず言葉を返せるのが一流の人です。**

反論できない立場でひたすらガマンする人は、そのストレスを反論できない人にぶつけます。

上にペコペコする人ほど、下に横柄になります。

上に言葉を返せる人は、下の人間に優しい言葉をかけられるのです。

一流になるために　その5
反論できない立場であることを、理解しよう。

06

「みんなは、どう思う？」と言わない。

一流の人がＯＫを出して、二流の人がＮＧを出すと思いがちです。
決してそうではありません。
ＮＧを出せるのも、一流の人のなせるわざです。
実際、企画にはＯＫとＮＧを出さざるを得ません。
すべてＯＫにしていたら、会社はつぶれてしまいます。
ＮＧを平気で出して、次のＯＫのアイデアを待てるのが、一流の人です。

二流の人は、自分が死刑執行人になりたくないのです。

「みんなはどう思う？」「多数決をとろう」という形で、NGを出す責任を逃れようとします。

万が一失敗したら困るので、OKを出す責任からも逃れようとします。

部下からは**「残念な人だな」**とガッカリされます。

NGを出されるより、NGをなかなか言わないことのほうが困ります。

自分の協力しているスタッフから企画が出てきた時に、その返事をすぐできないことで信用を落とすのです。

一流になるために　その6

意見を聞くふりをして、責任を逃れない。

07

「私を、誰だと思ってる」と言わない。

反対意見を言う時に、一番その人の器の差が出ます。

1人が「これをやろう」と言って、もう1人が「やめよう」と言います。

ここで二流の人は、「オレを誰だと思ってる」「君の役職はなんだ」「偉くなったもんだな」と言い始めます。

「偉くなったもんだな」というのは、映画によく出てくる悪役のセリフです。

「オレを誰だと思っている」「おまえは何様だ」というセリフは、組織の中でよく使われます。

AさんとBさんのアイデアがある時は、アイデア同士を戦わせます。

「Aさん」と「Bさん」を戦わせてはいけないのです。

アイデアに「誰」を持ち込むのは、「オレを誰だと思ってる」という発想です。

「偉い人が言ったからやる」「下っぱの考え方は無視する」というのは、アイデア自体を評価していません。

一流の人は、どんな下っぱの人が言っても、面白いアイデアには「面白い」と評価できます。

大切なのは、アイデアが面白いか面白くないかです。

それを言っている人が偉いか偉くないかは、いっさい関係ないのです。

「私を誰だと思っている」という発言は、その人の器を一気に下げてしまうのです。

一流になるために　その7

意見に「誰」を持ち込まない。

08

「お名前は?」と聞かれて、ぶちキレない。

二流の人も、会社の中では偉くなっています。
といっても、部下が何人かついただけです。
しょせんそこでしか通用しません。
社内で電話をかける時は、「オレ」で通じます。
世間では、「オレ」とか「いつもの」とか「覚えてる?」とか言っても通用しません。

二流の人は、そもそも自己肯定感が低いのです。

自分が知られていないことが、一番知りたくない真実です。
なじみのホテルやゴルフ場で「お名前は？」と聞かれると、ぶちキレます。
これが一番クレームになります。
しょせんはその程度の人です。
新人の受付には、なじみかどうかはわかりません。
オジサンは、みんな同じ顔に見えます。
「オレは何年ここに通っていると思っているんだ」と怒るほうがおかしいのです。

一流の人は、そこで怒らないで、名前をちゃんと言えます。
そこへ上の人が慌てて走ってくるのは微笑ましい事態です。
ここでちゃんと笑い話にできるのです。

二流の人は、ここで「無視された」と思い込みます。

怒っている人は常に心配しています。

「ダメな人間と思われる」「切り捨てられる」という2つの心配が、その人の横柄な態度を生み出します。

机をバンと叩いたり、大声を出したりするのです。

飛行機の中でも、「オレを誰だと思ってるんだ」と怒鳴っています。

面白いことに、お付きの人も「この人を誰だと思っているんだ」と言うのです。

まわりからは、上の人も、お付きの人も、どちらも二流に見えます。

スチュワーデスの人もかわいそうだと同情します。

そこにいる人たちみんなを敵にするのです。

お付きの人は、ふだんファーストクラスやビジネスクラスにあまり乗ったことがないのです。

よかれと思って、上の人を持ち上げようとするのです。

「今日の新聞読んでないの？　ダメだよ。読まなくちゃ。今日こちらの社長が新聞に出ていたんだから」と言いますが、実際は、たまたま小さな記事で載っただけです。

自己肯定感の低さから、そんなことを言うのです。

いつも新聞に出ている人は、そんなことは言いません。

一流と二流の境目は、自己肯定感の高さで分かれます。

自己肯定感が低いと、常に「バカにされている」「切り捨てられる」とビクビクします。

自分を高めて、切り捨てられない人間関係をつくることが、一流になるポイントなのです。

一流になるために　その8

一流の人ほど、素性を明かさない。

09

お金を出せば、なんでもできるわけではない。

物事が行き詰った時に「オレはカネを払っているんだぞ」と言う人がいます。

私の実家はサービス業です。

マナーの悪いお客様に「すみませんが、お帰りください」と言うと、必ずこの言葉が出てきます。

「カネ払っているんだから、オレは客だ。客に対して、その態度はなんだ」と言う人は、お金を払えば何をやっても許されると思っています。

すべての価値基準をお金に置いて、お金がマナーを超えてしまうのです。

実際は、どんなにお金を払っても、マナーの悪いことはできません。

マナーのほうがお金よりプライオリティーは上です。


たとえば、めったにファーストクラスに乗らない人は、ファーストクラスに乗ると態度が悪くなります。


年中ファーストクラスに乗っている人は、そもそもマナーがいいのです。

ファーストクラスでは、みんなマナーがいいことを知っているからです。

いつもエコノミーに乗っている人が、何かで当たったり、誰かの代理で突然ファーストクラスに乗る時が危ないのです。

それだけで、マナー違反をしてもいいと思ってしまうのです。

マナー違反を注意されると、「オレはカネを払ってる。客になんだ」と言います。

支払った金額の多い少ないは関係ありません。


サービス業では、お金を払ってでも来て欲しくないお客様がいます。

そう思われていることに、本人は気づいていません。

「カネ返せ」と言いますが、いくらでも返します。

そのかわり二度と来て欲しくありません。


上司と部下の関係でも、これがあります。

「誰に食べさせてもらっているとと思っているんだ」というセリフは、社長が言うならまだいいのです。

上司が部下に言うことではありません。

上司が雇っているわけではなく、会社が雇っているのです。

たとえ社長でも、「オレが給料を払っているんだから、オレの言うことを聞け」と言う人には、誰もついて行きません。

社員は奴隷ではないのです。

社長の志に賛同して、社長の器に感動して、リスペクトがあって一緒にやろうと思ってついてくるのです。

給料をもらっているから、イヤな仕事でもガマンして、イヤな社長にもついていく、という関係性に、みずから持っていっていいのかということです。
お金を最上位に置いた関係性にみずから持っていくのが、二流の人間なのです。

一流になるためにその9
「高い金を払ってるんだぞ」と言わない。

10

環境に、不満を言わない。

一流の人は環境に不満を言いません。

二流の人は環境に不満を言います。


これは上司にも部下にも言えます。

二流の人は「予算がない」「お金がない」「時間がない」「人手がない」「才能がない」「運が悪い」「政治が悪い」「景気が悪い」と、すべての環境に悪口を言います。

自分が結果が出せないことに対して大義名分を探そうとしているのです。

結局、環境に不満を持つだけで、その人は何もしません。

何もしなくて結果が出ないことに対して、「仕方がない」「私のせいではない」と言うのです。

これでは、１００万年たっても何も進みません。

ただジリ貧になって、ある時突然、全滅します。

一流の人は、不満を言っているヒマに工夫をします。

不満からは何も生まれません。

工夫は何かを生み出します。

一流と二流の違いは生産性があるかないかです。

環境に対する不満には生産性がないのです。

工夫をする人は不満を言わないし、不満を言っている人は工夫をしません。

「工夫」と「不満」はスイッチの両面なので、必ずどちらかに入ります。

これは基本的な思考回路です。

この話をすると、「私は不満も言っていますが、50％の確率で工夫もしています」と言う人が出てきます。

実は、それはないのです。

言葉と行動は、その人の生き方から生まれます。

「時々男で、時々女」とか「時々日本人で、時々外国人」ということはないのです。

その人がどう生きているかで決まります。

不満型人生なのか、工夫型人生なのか、どちらかです。

工夫をしていると、楽しくなります。

不満を言う人は、寒い時には「寒い」、暑い時には「暑い」と言います。

冬場に「私は夏が好き。冬は嫌い」と言っていたのに、夏になって暑くなると「私は冬のほうが好き」と言うのです。

常に「今」が嫌いなのです。

一流の人は、冬に「冬が好き」と言えます。
「冬が好き」と言う人が一流か二流かという話ではありません。
それをいつ言うかです。

口先だけで「冬が好き」と言っている人は、モコモコの格好をしています。
寒さに対してネガティブな感情を持っているから、着込むのです。
外側がモコモコで、脱いでもモコモコです。
冬を楽しんでいる人は、外にちゃんと温かいものを着て、中は薄着です。
冬を楽しんでいる人は姿勢もいいのです。
冬を楽しんでいない人は、背中を丸めて「寒い、寒い」と言っています。

ビジネスにおいて、景気は常に上がり下がりを繰り返します。
一流の人は、景気が良くても悪くても、何も言わずコツコツとやっています。
寒い時は、「ロングコートがやっと着られる」と思えるのです。

寒いからといって、ファッションを犠牲にするのは二流です。
寒い時しか着られないオシャレがあります。
二流の人は、寒くても暑くてもオシャレができないのです。

一流になるためにその10

不満を言っているヒマに、工夫をしよう。

2章

一流の人が、人を動かすために言わないこと。

★リーダーとしての軸のつくり方★

11

「全部、大事」と言わない。

上司が「あれもやれ、これもやれ」と、部下に指示をします。
限られた時間、限られた人手で、何を優先すればいいか決めて欲しいところです。
「全部大事」と言われた時点で、部下は何を頑張ればいいかわからなくなります。
Aをやっているのに、「Bをやったか。Cはまだか」と言われると、混乱します。

優先順位をつけるのは、上の人間にしかできません。

「全部大事」「大事じゃないものは1つもない」と言うのが、二流の人間です。
一流の人間は、「1番はこれ、2番はこれ、3番はこれ」と、優先順位をつけられます。

それどころか「これはやらなくていい」「これは気にしなくていい」とも言ってくれます。

やらなくていいことの判断は、現場の人間にはできないのです。

一流になるために　その11
優先順位を、伝えよう。

12

クレームに、ふりまわされない。

あるエスニック料理のお店で、お客様から「辛すぎる」というクレームが来ました。

二流の上司は、「ダメじゃないか。もっと控えめな辛さのものを出せ」と言います。

辛さを売りにしているお店なのに、普通のお店になるのです。

一方で、「辛さが足りない」というクレームには、「もっと辛くしなくちゃダメじゃないか」と言います。

これでは現場の人間は迷います。

「私は現地で食べたけど、現地のものと味が違う」というクレームには、「ダメじゃないか。現地の味に近づけろ」と言います。

これでふりまわされるのです。

味の濃い・薄い、熱い・冷たい、量が多い・少ないも含めて、味の段階は無限にあります。

それを全部聞いていると、現場の人間はヘトヘトになります。

最終的にはメニューだらけになって、なんのお店かわからなくなるのです。

この時に、一流の人は**「味に関するクレームは聞き流せ」**と言います。

そう言ってもらえると、現場の人間は助かります。

味は好き嫌いがあるので、「すみませんが、うちはこの味でやっているので、はかのお店へ行ってください」と言えばいいのです。

お客様にふりまわされない軸を、ちゃんと持たせてやることが大切です。

お客様のクレームは、「味」と「トイレ」の2種類です。

トイレについては、好き嫌いではありません。

汚れたトイレが好きな人はいないのです。
トイレは絶対きれいにしておきます。
味とトイレは、分けて指示を出します。
味にふりまわされていると、トイレがついほったらかしになるのです。
この違いを明確に出せるのが、一流の人間です。
これはレストランだけではなく、すべての仕事において言えることなのです。

一流になるためにその12

軸をちゃんと持たせよう。

13
「部下は、選べない」と言わない。

「部下は選べない」と文句を言う上司がいます。

部下からすると、「上司は選べない」と反論したくなります。

「ろくでもないヤツしか入ってこない。もっと優秀な人間が来ないのか」と怒っているのです。

優秀な人間を選ぼうとする時点で、「自分は育てる力がない」と言っているのと同じです。

育てる自信のある上司は、「どんなヤツが来ても一人前にしてやる」という姿勢です。

部下を選ぶ必要はありません。

来た人を自分が優秀な人間にすればいいのです。

通常10年かかるところを5年で一人前にしたり、独立してもやっていける人間に育て上げる覚悟があるかどうかです。

みんなから見捨てられて、「ポンコツ」とか「使い物にならない」と言われる人間が入ってきたほうが、やりがいがあります。

もともと優秀な人間は、最初から優秀です。

その人間が成長しても、上司の手柄ではなく、本人の実力です。

一流の上司は、

①みんなが見捨てた人間を見捨てない

②問題児を使いこなす

という2つの力があります。

料理のうまい人は、冷蔵庫のキャベツの切れはしでも何か料理をつくります。

冷蔵庫を開けて、伊勢エビが入っていない、フォアグラもない、トリュフもないと怒っても仕方がないのです。

トリュフやフォアグラ、フカヒレがおいしいのは、当たり前です。

本当の料理人は、切れはしや賞味期限ギリギリのものからおいしい料理をつくるのです。

一流になるために その13
どんな人間が来ても、育てる仕組みをつくろう。

14

自分のために、まわりの人がいるのではないことを知る。

あるホテルの総支配人に相談されました。

私は、そのホテルができた時から相談にのっています。

「中谷さん、信じられないんですよ。隣にまたホテルができて、従業員がごっそり移動したんです」と言うのです。

1人のマネジャークラスが引き抜かれて部下をごっそり連れて行ったのです。

理由もわかっています。

給料です。

ホテルマンの仕事は、大変なのに安いのです。

サービスというおもてなしが楽しいから、みんな働いているのです。

その人は、隣のホテルに「年収にプラスするから」と言われたのです。

もちろん、それ以外のこともいろいろあったのでしょう。

働いている人は、家族もあるし、教育費とか、親が入院したとか、いろいろ事情があるのです。

それは責められません。

ホテルはチームで動いています。

もともと流行っていたホテルが、チームごと人がいなくなって大ピンチになったのです。

総支配人は「裏切られた」と言っていました。

ここが総支配人として二流か一流かの分かれ目です。

その人にはその人の人生があるのです。

そのホテルで働くために生まれてきたわけではありません。
あくまでもその人の人生の一部として、ホテルという職場があるのです。
雇っている側は、つい「このホテルで働くために生まれてきた」と思いがちです。
「あんなに一生懸命やってくれたのに」と思います。
一生懸命な人ほど上司は期待します。
いなくなった時の穴が大きいので、ショックも大きいのです。

部下は上司のために生まれてきたのではありません。
部下にも人生があります。
人生の自己実現のために、「会社」という舞台を、今この瞬間に共有しているのです。
部下は上司の所有物ではありません。
ましてや部下の人生を買い取ったわけではないのです。

習いごとでもこれがあります。

ずっと来ていた生徒さんが来なくなります。

卒業して、独立して、その人も先生になったのです。

それを喜んで応援してあげるのが普通です。

「一生自分について来ると思っていたのに、裏切られた」と言うのは、おかしいのです。

その生徒はインストラクターになるために習いに来ていたのです。

ずっと来ていた人が来なくなると、「裏切られた」と思いがちです。

「その人の人生の一部分を共有しただけ」という感覚がないのです。

「裏切られた」という発言自体が、その人の人生を自分の所有物にしていた証なのです。

ＴＳＵＴＡＹＡで借りたＤＶＤを返すのは、当たり前です。

返す時に、「エッ、これ返さなくちゃいけないんですか」と言うのはヘンです。

たかだか何百円でビデオが買えるわけがありません。
ましてや人間が所有物であるはずがないのです。

一流になるためにその14

「裏切られた」と言わない。

15

「戻ってくると言っても知らないからな」と言わない。

会社を辞めていく部下に対するひと言で、その人の評価は大きく分かれます。

部下に裏切られたと思っている人は、「戻ってくると言っても知らないからな」という捨てゼリフを吐きます。

その時点で、部下は戻って来にくくなります。

リクルートという会社は出戻り社員が多いのです。

辞めていく人間を応援するからです。

ある業界は出戻りが決してありません。

その業界に勤めていたある人が辞める時に、上司に「おまえをこの業界で生きていけないようにしてやるからな」と言われます。

言われた人は、びっくりします。

「干されたらどうしよう」と不安になります。

実際は、その上司にそんな力はないのです。

ビビらせるために言っているだけです。

リクルートがあれだけ伸びているのは、辞めてほかの会社に移ったり、独立して自分の会社をつくった人間が、また帰ってくるからです。

給料を払っていない出向のようなものです。

隣のホテルに部下を連れて出て行った社員は、もともとは味方の人間です。

ですから、隣のホテルとタイアップ企画をやればいいのです。

お客様がどちらのホテルのレストランにも自由に行けるようにします。

パートナーとして、コラボ企画ができるのです。

「裏切られた」と言うと、それができなくなります。

自分のところの施設が増えたと考えればいいのです。

遠くから来るお客様に、それぞれのホテルに1泊ずつ泊まってもらいます。

一見、本来2泊のお客様が1泊になるので損だと思います。

向こうからも来るのだから、同じです。

しかも、申込の窓口は倍になるのです。

なおかつ、辞めた人に優しくしておくと、万が一、向こうのホテルでトラブルが発生した時に戻って来やすくなります。

戻ってくる時に、隣のホテルにいた部下を連れて帰ってくる可能性もあります。

10人連れて出ていっても、20人連れて帰ってきたら、10人プラスです。

さらに、向こうのお客様も連れてきてくれます。

失敗談も含めて、向こうで得たノウハウも持って帰ってきます。

辞めていく社員は、徹底的に応援したほうがいいのです。


一流の人は、辞める人に紹介状を書いてくれたり、応援したりしてくれます。

二流の人は、「おまえはダメだ」「いてもいなくても同じだ」とさんざん言っていたくせに、「あと1年なんとかならないか」「急に言われても困るよ」と言うのです。

「いないと困る」と言うのは、保身のためです。

部下が辞めたことを自分の責任にしたくないのが見え見えです。

部下が辞める時にかける言葉で、一流と二流が分かれます。


今は終身雇用がなくなって、若いうちに辞めることが当たり前になっています。

労働市場が流動化すると、出戻りも増えます。

戻りやすい場をつくって、辞めたあとも仲間としてやっていけるネットワークをつくります。

これができるかどうかは、上司のひと言で決まります。
「裏切者」と言うことで、みずからネットワークを断ち切っているのです。

一流になるために その15
いつでも、戻って来やすいようにする。

16

辞める人間に、「どうせ失敗する」と言わない。

出版社に勤める編集者が「フリーの編集をやります」と言うと、必ず「そんなに甘くないよ」と言う人が出てきます。

「君は成功している人を見ているからそう思うのかもしれないけど、ほとんどが失敗しているんだからね」と言うのです。

だからといって、助けてくれるわけではありません。

「絶対失敗するよ」というお墨つきは、いらないのです。

「絶対失敗する」と言う人は、失敗するのを待っています。

「ほらね。僕が言ったとおりになったでしょう」と言いたいから、失敗の方向へ向かわせようとします。

タクシーの運転手さんに「すみません、何時の新幹線に乗りたいんですけど」と言うと、「絶対ムリ」と言われました。

その瞬間、「自分が言ったことを立証するために、今、行けた信号をわざと止まったでしょう」という気持ちになります。

「95％は間に合いませんが、5％に賭けてみます」と言われると、うれしいです。たとえ間に合わなくても、「今の信号をちょっとムリしてくれたかな」と、うれしくなるのです。

間に合わなくても、別に責めたりはしません。

「気持ち早めでお願いします」と言って、「じゃ、早めで行きましょう。シートベルトを締めてください」と言われたら、間に合わなくても、なんとなく納得します。

「絶対ムリ」「世の中そんなに甘くない」「おまえは絶対失敗する」と言うのは、辞める人間に対する腹いせです。

それを言うことで、辞める勇気のない自分を肯定しているのです。

辞めて成功する人間が出てくると、「あいつは仕事が全然できなかった」と悪口を言います。

ここで「やっぱりあいつは違ったね」と言えるかどうかです。

組織を抜け出していく人間に、「偉いな」「勇気あるな」「成功して欲しいな」「できることはなんでも応援するよ」と言える人が、一流の上司です。

頑張って飛び出していく人間の悪口を言うのは、ムラ社会の器の小さい二流の上司です。

「彼はやっぱり何かやる男だと思っていた」と言うことで、その元上司の株は上がります。

悪口を言うと、本人には伝わらなくても、それを聞いた部下が「自分が辞める時も同じことを言われるのかな」と思います。
まるで自分が言われているような感じがするからです。
これが怖いのです。

古い組織は同質文化です。
抜けていった人間に対して、ねたみ・そねみが発生しやすいのです。
その代わり、社内で落ちていく人間を助けるといういい面もあります。
集団利益を優先する社会なので、災害が起こった時は強いのです。
西洋は個人利益を優先するので、災害が起こると略奪の世界になります。
日本では略奪は起こりません。
どちらがいいかです。

「裏切られた」と言うことで、出て行く人だけではなく、残った部下もガッカリします。

「自分が将来、独立しようと思った時に、この人はきっと同じことを言うだろう」と思うと、モチベーションが下がるのです。

「裏切られた」という言葉は、辞めていった人間の耳には直接入りません。

「おまえたちだけは信じているから」というのは、脅迫です。

これは「信じている」とは言えないのです。

一流になるために その16

応援してあげよう。

17

一流は、頑張らなくてもいいように、工夫する。

「頑張れ」「一生懸命やれ」「もっとやれ」と言うのは、二流です。

本人は頑張っているのに、ミスが発生したり、積み残しが発生して納期が遅れるのです。

ここで「頑張れ」と言うのは、頑張っているところをまったく見ていないのです。

これではテンションが下がって、ヤル気もなくなります。

一流の上司は、「頑張らなくていいからね」「頑張りすぎるなよ」と言って、頑張らなくていい仕組みをつくります。

オリンピックの本番前に「頑張れ」と言うと、ただでさえ緊張しているのに、ますます緊張度が上がってうまくいかなくなります。

消防活動のような危険な作業では、「気をつけろ」「頑張れ」と言う声で気が散るのです。

本人は十分やっています。

それをうまく中和することを言うのが、一流の上司です。

TV番組で、お正月の駅伝大会に、選手で参加したことがあります。

普通は「頑張ってね」と言われます。

その時、父親からは「適当に。頑張りすぎるなよ」と言われました。

寒い中、いきなり走ったらケガをします。

パフォーマンス自体も、頑張りすぎてよけいなところによけいな力が入ると、いい結果は出ないのです。

「リラックスしろ」は命令形なので、これも何か違います。

「頑張りすぎないようにね」と言うと、いい具合に力が抜けます。

父親のアドバイスは、けっこううまいのです。

免許を取ってからしばらくは、大阪の実家へ帰った時だけ家のクルマに乗っていました。

ある時、妹を大学に送るためにクルマを運転しました。

父親もうしろに乗っています。

高速からおりるところはループになっているので、まじめに減速しました。

大阪の人は減速しません。

うしろからクラクションがパパーと鳴るのです。

そんなにゆっくり走っているわけではありません。

ちゃんと普通の流れにのっています。

それでももっと早く行けと言うのは、その人のテンポです。

その時に、父親は「ほっとけ」と言いました。

実際、クラクションを気にしてジコることが多いのです。

こういうことは、教習所では教えてくれません。
教わるのは「ここでは減速しなさい」とか「流れにのりなさい」ということです。
父親は、「イラッとするな」ではなく、「聞き流せ」と言いました。
これはお客様の味のクレームを聞き流すのと同じことなのです。

一流になるために その17
「頑張れ」と言わない。

18
ついて行きたい人には、「ついて来い」と言われなくても、ついて行く。

「オレについて来い」というのは、二流の人の好きな言葉です。

ついて行きたい時は、そんなことを言われなくてもついて行きます。

大体「オレについて来い」と言う人には、ついて行きたくありません。

人間は、言葉ではなく、ふだんのその人の言動でついて行くのです。

「オレについて来い」と言わなければいけない時点で、すでについて行きたくないのです。

「オレについて来い」と言う人に限って、なかなか決断しません。

それを言うなら、どこへ行くのか早く決断して欲しいです。

多数決をとっている場合ではないのです。

「オレについて来い」と言うこと自体、その人がふだんから何もやっていないということです。


部下は正直です。

誰について行ったら生き延びられるか、本能的にわかっています。

石器時代から、人類はその戦いを続けてきたのです。

部下はふだんから上司の言動を見ています。

「オレについて来い」「オレを信じろ」とか、「悪いようにはしないから」「だまされたと思って」という発言は、言えば言うほどその人の株を下げます。


説明できることは、とことん説明します。

どこまでいっても説明できないこともあります。

聞いている人間の経験が足りなくて、今言ってもわからないのです。
上司の発言としては、「今にわかる」と言われるのが一番納得できます。
会社員時代、私は電話で「博報堂です」と言っていました。
ある時、上司に「『博報堂でございます』にしろ」と言われました。
「ございます」にするのは、丁寧だからではありません。
「理由は今にわかる」と言われました。
後に、なんとなく「ございます」のほうがいいことがわかってきました。

京都の舞妓さんの置屋を「屋形」と言います。
舞妓さんは、たかだか14歳ぐらいで「お仕込さん」という形のお手伝いで入ります。
屋形では「電柱に挨拶して歩きなさい。理由は今にわかる」と言われます。
「なぜならば」は、ないのです。
「私を信じろ」とは言いません。

「今にわかる」というのは、「あなた」が主役です。

電柱1本1本に挨拶してまわるぐらいの気持ちで、知らない人にも挨拶しろということです。

挨拶は、しすぎることはないのです。

「今にわかる」と言われて信じられるのは、常に説明してくれているからなのです。

一流になるために その18

部下には、説明責任を持とう。

3章

一流の人が、人を育てるために言わないこと。

★人がついてくる話し方★

19

「今忙しいので、あとで」と言わない。

一流の人は教え魔になりません。
二流の人は教え魔になります。
一流の人は、スポーツでも習いごとでも、聞かれてはじめて教えます。
聞かれたこと以外は教えません。

教え方は、結局は自分の習い方に通じます。
教え魔になる人は、習いに行っても完全に受身です。
何を習いたいのかわからないのに、とりあえず行くのです。

一流の習いごとができる人は、これが知りたい、こうなりたいという自分の目標が決まっています。


先生への質問を持って、積極的な習い方をします。

習いごとが二流の人は、「今日は何をするんですか」と聞くのです。


ダンスの習い方にも2通りあります。

私は、ある仮説を持ってダンスを習いに行きます。

先生は、その仮説に対して、「正しい」とか「半分正しいが半分間違っている」と言って、間違っているところを教えてくれます。

そうすると、さらに次の質問が生まれます。

ところが、「何か質問ある？」と聞かれて「いやあ、むずかしいです」と答える人には、先生も何を教えていいかわかりません。


ダンスは教科書のない世界です。

すべての習いごとに教科書があるわけではありません。

本当の習いごとは、教科書を使わずに、その人間に対して教えます。

映像も撮れないし、録音も録れないし、プリントもないのです。

ボイストレーニングの先生にも「今日は休むので、あとでプリントをいただけますか」と言う人がいます。

体で覚えるものなので、プリントや録音では絶対わかりません。

習いごとは、生身でやっているその空間でしかできないのです。

「体を使う習いごと」と「受験勉強」とは区別します。

受験勉強の名残がある人は、「教科書をください」「何を読めばいいですか」「プリントをください」「ノートを見せてください」「録画していいですか」と言います。

ダンスは接触して自分の体で感じるものです。

録画ではわからないのです。

積極的な習いごとができる人は、自分が教える側になっても、質問をスタートラインに教えることができます。

部下からの質問をベースにして、それに対して教えるのです。

ゴルフ場の打ちっぱなしに行くと、「違うな。ちょっと貸してみな」と、必ずオヤジが寄って来ます。

教え魔は、自分が習う時は常に受身なのです。

一流になるために　その19

部下の相談は、その場で答えよう。

20

「こんなことまで、一々報告するな」と言わない。

上司は、よく「ホウ・レン・ソウをしろ」と言います。

にもかかわらず、部下が何かを報告すると、「こんなことまで一々報告するな」と言うのです。

せっかく報告しているのです。

一々報告しないでいいような、小さなくだらないことを報告するのが「ホウ・レン・ソウ」です。

「こんなことまで報告するな」と言った瞬間に、小さいことは報告しなくなります。

「小さいこと」の比率がどんどん膨らんで、やがて大切なことまで報告されなくなるのです。

言葉を明確に定義したほうがいいのです。

大切かどうかは、現場の人間にはわかりません。

未確認情報や、自分では小さい情報と思っていたことが、会社的には探していた大切なものだったりします。

現場の人は「エッッ、こんなものがいるんですか」と思います。

現場検証と同じです。

火事の現場にあったタバコの吸いがらを、ゴミだと思って捨ててしまうようなものです。

殺人現場でも、タバコの吸いがらからDNA鑑定ができます。

髪の毛1本でも拾って帰る世界です。

それが情報です。

真珠湾攻撃の時に、ハワイのレーダーには日本の飛行機と船が映っていました。

それを「どうせ味方の飛行機だろう」と思って、そこで片づけてしまったのです。

味方の飛行機だと思っても報告していたら、敵の飛行機だとわかったのです。

小さいことや、すでに自分が知っていることまで報告してくれるのは、ありがたいことです。

「それはもう知っているよ」と言われると、部下はガッカリします。

「これもどうせもう誰かから伝わっているに違いない」と思うと、部下は何も報告しなくなるのです。

一流になるために その20

小さな報告に、感謝しよう。

21
「もっと、いいアイデアない？」と言わない。

二流の人は、会議で「もっとインパクトのある、パンチ力のある、ヒットするアイデアを出せ。なんで出ないんだ」と言います。

私が会議でアイデアを出すと、いつも「うーん、日光の手前だね」と言う上司がいました。

最初は何を言っているのかわかりませんでした。

これは「いまいち」という意味です。

日光の手前に「今市（いまいち）」という駅名があるのです。

そんなダジャレばかり考えて、結局、ボツにするのです。

つまらないアイデアにも面白がって、「何かありそうだね」と言うのが一流の上司です。

そう言ってもらえると、小さなアイデアでも出しやすくなります。

「たいしたことないですけど」と言いながら、たまたま出したアイデアが面白いのです。

アイデアはそうやって出てきます。

一押しのアイデアは、あまり面白くないのです。

たいしたことないと思って出したアイデアでも、ほかの人が上乗せをすることでアイデアが成長します。

何かと何かがくっついてブレイクするのが、アイデアの面白さです。

最初から面白いアイデアは出ないのです。

私の師匠の藤井達朗は、「アイデアを出すな。アイデアのかけらを出せ」と言っていました。

完成品を出す必要は、まったくありません。

完成した壺が発掘されることはないのです。

遺跡は、壺のかけらが見つかったところを掘ることで、ザクザク出てきます。

最初の発掘は、常にかけらの状態です。

完成品の何分の一かの状態で現われるのです。

二流の上司は、「完成された壺を掘り出せ」と言います。

だから、見つからないのです。

最初からインパクトのあるアイデアを出す必要はありません。

最初に出すのは、つまらないアイデアでいいのです。

1人の頭の中でも、「いいアイデアを考えよう」と思っていると出ないのです。

「つまらないアイデアを出そう」と思っていると、出てきます。

その時に、「いまいちだね」ではなく、「何かありそうだね」と言ってあげます。

何かありそうなところを掘っていると、出てくるのです。

「何かありそう」は、いい言葉です。

人間に対しても、「あいつはダメだな」とか「こいつはいい」ではなく、「あいつは何かありそうだね」と言うようにします。

そのほうが人間の可能性を引き出せるのです。

一流になるために その21

つまらないアイデアを、面白がろう。

22

「ゼロ」か「100」で、決めつけない。

「あいつはダメ」とか「あいつは優秀」と言うのは、「ゼロ」と「100」しかない人の発想です。

一流の人は、「ゼロ」と「100」の間に、無限のグラデーションを持てます。


「あいつ、わけわかんないよね」

「はずれることが多いんだけど、当たると大きいよね」

「成功するか失敗するか、どっちかだよね」

「三振かホームランか、どっちかだよね」

と言えるのです。

私の会社員時代に、私は研修部長の小野崎博さんに「中谷は得意先で好かれるか嫌われるかどっちかだ」と言われました。

広告代理店はスポンサーさんが大切です。

「もっと気を使え」という指示ではないのです。

一流の上司は一流の部下を育てます。

ほとんど三振なのに、時々場外ホームランを打つ部下を評価することで、部下の自己肯定感が高まります。

一流の部下を育てるには、部下に自信を持たせればいいのです。

「自信」は「自己肯定感」です。

自己肯定感を持たせるには、「ボールをよく見ろ」ではなく、「目をつぶって振っていけ」「キャッチャーミットを見るな」「打率を目指すな」と言います。

頑張らなくていいのです。

私はプロレスラーのキャッチフレーズが大好きです。

あるプロレスラーのキャッチフレーズは、「時々神がおりる男」です。

ふだんは弱いのに、時々神がおりて、とてつもなく強くなるのです。

何かいい人そうで、魅力を感じます。

相手からも脅威です。

「おまえはいつも平均点だ」と言われると、ガッカリします。

それよりも、「おまえはいい時と悪い時がある」と言われたほうが、自信が持てるのです。

一流になるためにその22

部下に自己肯定感を持たせよう。

23

「君は、前もそうだったね」と言わない。

二流の人は、自分の立場が優位に保たれている時は、ここぞとばかり叱ります。

好きな言葉は、「前もそう、いつもそう」です。

これは、上司が部下に対して、お客様がお店の人に対して、オールマイティーな最強のカードとして持っています。

実際は「いつもそう」なのではありません。

2回あると「前もそう」、3回あると「いつもそう」と言うのです。

人間を「いつも」「絶対」「必ず」という言葉で叩きつぶさないことです。

一流の人が「いつも」と言う時は、うしろにポジティブな言葉を続けます。

「いつもありがとうね」と言われると、もっと頑張ろうと思います。
「君はいつも遅れるね」と言われると、その人と待合わせしたくなくなります。
「遅い」と言うのは、いいのです。
「いつも遅い」と言うと、「自分はいつも遅い人間だ」と刷り込まれるのです。
これが言葉の怖さです。
「今日は遅いね」は、むしろほめ言葉です。
「いつもはちゃんと来ているのに、珍しい」という意味です。
失敗した時に「珍しいね」と言われると、少しうれしくなります。
一流の人は、叱りながら、ほめているのです。

一流になるために　その23

前の失敗を、持ち出さない。

24

「どうなってるんだ」と言わない。

仕事がいっぱいいっぱいで遅れている時に「あれはいったいどうなっているんだ」と言うのは、二流の上司です。

部下は、丁寧にやろうとして、一生懸命やろうとして、クォリティーを上げようとして遅れるのです。

いいかげんな人はいいかげんな状態で出せるので、遅れません。

まじめでちゃんとしている人ほど、きちんとやろうとして遅れるのです。

それに対して「何やってんだ。おまえはいつも遅い」と怒られたら、ヤル気がなくなります。

部下が最もモチベーションが下がるのは、いいかげんにやって叱られた時ではありません。

一生懸命やっていることに対して叱られた時です。

「一生懸命やるのをやめます」「とりあえず納めればいいんですね」ということになるのです。

納期に納めようと思えば、いくらでも納められます。

納期に遅れるのは、もっとクォリティーを上げようとするからです。

部下は、クォリティーを上げながら、なおかつ納期に間に合わせようと頑張っています。

上司は、これを理解してあげることです。

遅れている時に「大変だね」と言われると、部下は「共有認識してくれた」と思えます。

最もモチベーションが上がる瞬間は、「上司が自分を理解してくれている」と思えた時です。

その時、「よし、間に合わそう」と思うのです。

クォリティーを上げようとしてもう1回やり直すことが、一番時間がかかります。

それを「どうなっているんだ」と言われると、その人のモチベーションも、チーム全体のモチベーションも下がるのです。


映画「舟を編む」の主人公は、辞書の編集者です。

ゲラの段階で、入れるはずの言葉が1個抜けていたことがわかりました。

入れる言葉は、全部カードでつくってあります。

それがなぜか1個抜け落ちていたのです。

責任者を受け継いだ主人公の松田龍平演じる編集者は、「すみません。これが1個抜けているということは、ほかにも抜けている可能性があるので、もう1回チェックできますか」と言いました。

これは大変な作業です。

みんなはびっくりします。

今でもギリギリいっぱいなのに、そんなことをしたら締切に遅れます。

全員でチェックしても1週間かかるのです。

辞書は6万語です。

それでも主人公は「そんないいかげんなものは出せないから」と言うのです。

ここで「どうなっているんだ」と怒ったら、「そんなことを言うなら、適当にやろう」ということになります。

部下が上司について行くのは、自分が頑張っていることをわかってくれているからです。

「ついて来い」という言葉ではないのです。

「私だけが頑張っていて、おまえはサボっている」と言われると、「そういうふうにしか思われていないんだ」とガッカリします。

怒るというよりは、失望です。

上司も部下も、お互い頑張っているのです。

英文学者の小田島雄志先生はパチンコが大好きです。ふだんから優しい方なので、パチンコが出ない時も、パチンコの機械に向かって「君も苦しいだろうけど、僕だって苦しいんだ。お互い頑張ろう」と、ささやきかけます。

そんなふうに言われたら、機械も頑張ります。

私は、ボウリングは、レーンに合うようにボールを変えます。合わないボールに「おまえはもう使わない」と言うのではなく、「ちょっと1回休もうか。ゴメン。僕の選択が間違った」と言うのです。

モノに対しても愛情を注ぎます。

上司がそこら辺のゴミ箱を蹴飛ばしていたら、それだけで自分が蹴飛ばされた感じがします。

言葉は刃物と同じです。
包丁やはさみを刃から渡す人はいません。
言葉は冷静さを欠くと刃から渡してしまいます。
交渉ごとのうまい人は、激論の時ほど小さい声で話します。
ここで大きい声になる人は、メンタルが揺らいでいます。
ぶちキレそうになった時に、どれだけ冷静に粛々と進められるかです。
切れ者の弁護士は、それができるのです。

一流になるために　その24
「大変だね」と言おう。

25

「進歩がない」と言わない。

部下に「おまえは進歩がない」と言う上司は、二流です。
進歩には、「見える進歩」と「見えない進歩」とがあります。
「見える進歩」は結果が出ています。
実際には、結果につながらない、いろいろなプロセス、努力、工夫があるのです。
一流の上司は、そこのところをきちんと見ています。
階段を小刻みに見ることができるのです。
たとえば、マラソンで、前回は3キロでリタイア、今回は5キロでリタイアなら、伸びています。

しかも、リタイアしたあと、バナナを食べる元気が残っているのです。

二流の上司は「またリタイアした。おまえはいつもリタイアする」と言います。

小さな変化が見えていないのです。

人間は常に進歩している動物です。

習いごとでも、師匠は弟子が自分ではなかなか気づかないことにも気づきます。

「これができるようになったよね」「これはずいぶん変わったね」と、小さな進歩を大きく感じられるのです。

細かく観察している師匠だからこそ、気づけるのです。

二流の上司は「あれだけ言ったのに、おまえはまだ挨拶ができない」と言います。

一流の上司は「まだ声は出ていないけど、会釈するようになったよね」「まだ笑えていないけど、うっすら笑おうとしているよね」と言います。

「やろうとしているよね」と言うことで、部下はヤル気が起こります。

できない段階は、やろうともしていない状態です。

二流の上司の中では、「できない」と「できる」しかありません。

一流の上司は、「やろうとしているけど、できない」という途中のスイッチがあります。

スイッチが細かいのです。


人間は、「やろうとしているけど、できない」という時期に進歩します。

ここで応援するのが、上司の一番大切な仕事です。

できたことは、本人は達成感があるからいいのです。

ダンスで、先生に「こうやってみたら」と言われます。

それをやってみると、転びます。

先生は「今は転んでいい。やろうとしているんだから。そのうち転ばなくなる」と言ってくれます。

やろうとしないで今までと同じやり方を続けている人は、転びません。
今までのバランスで立っているからです。
それでは進歩がありません。
この人には、「できた」と「できていない」という2つのスイッチしかないのです。
大切なのは、やろうとしていることです。
師匠は、弟子が今やろうとしているかどうかを見ているのです。

一流になるために　その25
小さな進歩に気づこう。

26

「なんで、そんなことになった」と言わない。

部下が失敗した時のリアクションが、一流と二流の分かれ目です。

二流の上司は「なんでこうなった」と言います。

お医者さんと患者さんとの関係にもこれがあります。

病院に行くと、

「なんでもっと早く来なかったんだ」

「なんでこんなになるまでほうっておいたんだ」

「何をやってこんなことになった」

と、叱られます。

それでなくてもしんどくて来ているのに、さらに怒られるのです。

だんだん病院に行きたくなくなって、早期発見・早期治療が遅れます。

一流のお医者さんは、「こんなに熱が出たら大変だったでしょう。しんどかったのによく来たね。自分でタクシーで来たの？　これ、救急車を呼んでいいよ」と言ってくれます。

ほめられた感があるし、ほっとします。


何かにトライして失敗した時は、本人もクヨクヨしています。

ただでさえ「なんでこんなことになっちゃったんだろう」と思っているのに、それを上司に言われるのはつらいことです。

工事現場などで大事故が起こるのは、「なんでこうなった」と言う上司がいるからです。

部下が失敗したことを言えなくなって、どんどん災害が大きくなるのです。

一流の上司は、部下の失敗の報告を聞いて、「じゃ、こうしよう」と言います。

お客様がクレームで怒鳴り込んで来た段階で、「なんでこうなった」という議論はいらないのです。

究極、「誰がやった」という話になります。

そんな話は、いっさいいらないのです。

病院で、「なんでこうなった」と延々説教をされるのはイヤです。

そんなことより、早く治療して欲しいのです。

相談したいのは、このあとの解決策です。

「なんでこうなった」というのは、ただのグチです。

そんなことをいくら言っても、解決にはつながらないのです。

二流の人の頭の中には、「理由を明確にすることで解決につながる」という思い込みがあります。

理由は関係ありません。

まずは解決することです。

今の事態の具体的な解決策を求めているのです。

三角関係に悩んでいる人が占い師に相談に来ます。

占い師さんは、「別れなさい」とか「頑張りなさい」とか、どうしたらいいかを教えてくれます。

私のところに相談に来たら、三角関係で勝つ方法を教えます。

「なんでそういうことになったの」というのは、身の上相談です。

第三者的には三角関係のいきさつのほうが面白いのです。

身の上相談とアドバイスの違いは、ここにあります。

一流の上司は、きちんとコンサルティングやアドバイスができます。

二流の上司は、身の上相談になってしまうのです。

一流になるためにその26

「じゃあ、こうしよう」と解決策を言おう。

27

「誰の責任?」と言わない。

クレームが一段落して、お客様はとりあえず納得して帰ります。

二流の人は、このあと責任者探しの裁判を始めます。

犯人を見つけ出して自分は悪くないことを立証する、保身のための行動です。

これをやっていると、事故は再発します。

みんな自分が有罪になりたくなくて、隠蔽を始めるからです。

戦犯を見つけても、ミスの実体はわかりません。

大切なのは、再発防止策をつくることです。

こうしたミスを2回続けないためには、どうしたらいいかです。

そのためには、犯人探しをしないほうがいいのです。

犯人探しをしなくなると、事実が明るみに出ます。

あらゆるシステムの事故は、人間と人間との間で起こります。

たとえば、何人かでお手玉をまわして落とした時は落とした人間が謝ります。

実は、落とした人間が悪いのではありません。

投げた人間が取りやすいところに投げなかったのです。

その原因は、みんなのテンポが速くなって、追いつけなかったからかもしれません。

投げた人間に原因があるわけでもないのです。

事故やトラブルが発生する原因は、当事者近辺にはありません。

もっと遠いところにあります。

一流になるために　その27

犯人探しより、再発防止策をつくろう。

28

「言いわけだね」と言わない。

失敗した時に、部下は必ず言いわけをします。
その時に、二流の上司は「それは言いわけだね」と言います。
そんなことは部下もわかっています。

大切なのは、なぜ言いわけをするかということです。
自分の身を守るために言いわけしているのではありません。
「これだけ頑張った」ということを、上司にわかって欲しいのです。
保身ではなく、共感を求めているのです。

だから、上司は**「そうだよね」**と言えばいいのです。
「これってむずかしいですよね」と言われたら、「むずかしいよね」と言います。
「むずかしくないよ。こんなの誰でもできるよ」と言うと、共感性がなくなります。

共感してもらえないと、部下はなぜできないかという言いわけを始めます。
言いわけしながら、自分自身も言いわけであることは十分わかっています。
それを上から踏みつけるようなことは言わなくていいのです。
「そうだよね」という共感から始まると、言いわけは止まります。
「それは言いわけだよ」と言えば言うほど、ますます言いわけが続きます。
部下の言いわけは、上司がさせているのです。

一流になるために　その28
「そうだね」と共感しよう。

29

「前も、うまくいかなかった」は、言わない。

「その企画は前にうまくいかなかった」と言ってつぶしていると、企画は出なくなります。

「それ系のジャンルはダメなんだよね」と言いますが、ジャンルはそんなにたくさんないのです。

とてつもなくヘンなジャンルを持ってきても、ヒット商品にはなりません。

ヒット商品は、昔からある王道・定番に若干のアレンジを加えたものです。

これがベストセラーになるコツです。

定番のジャンルは10個以内です。

ジャンルでボツにしていると、アイデアは出なくなります。

定番以外のアイデアを出すと、「有名じゃないからダメ。いったい誰が買うんだ」と言ってつぶすのです。


一流の人は、前に売れなかった経験を踏まえて、売れる方法を考えます。

前にやったと言っても、10年前です。

今は時代が変わっています。

市場が変わっている中でもう1回トライできる人が、一流の企画を出せる人なのです。

一流になるために　その29

一度うまくいかなかったことに、再チャレンジしよう。

30

聞く姿勢のない部下に、教えない。

そもそも聞く姿勢のない人には、ムリヤリ教えないほうがいいのです。
「成長したい」という気持ちが起こらない限りは、何を注いでも受けつけません。
要は、コップが下を向いている状態です。
コップが上に向いている時は、習う姿勢があります。
コップが下を向いている時は、何を言っても入らないのです。
私のセミナーでも、成長したい人と、ただの見学の人とがいます。
「中谷さんを生で見られればいい」という人は、ＴＶを見ているのと同じ感覚です。

その程度のモチベーションの人は、私はいじりません。
いじったら、逆にその人に迷惑です。
成長したいという人には、きちんと直接触れていきます。

参加型と傍観者型に分かれるのです。
参加型の人には、きっちりやります。
傍観者型の人に「参加しましょう」と言っても、迷惑です。
そこはきちんと分けています。
聞く姿勢のない人間にムリヤリ聞かせようとするのは、二流なのです。

一流になるために その30

聞く姿勢を、まずつくろう。

31

叱られる人間が、反省していることは、言わない。

二流の上司は永遠に叱り続けます。
叱る時間は、最大1分です。
叱られている人間は、すでに反省しています。
反論の余地のない人間には、きついことを言わないようにします。
反省している人間に「反省しろ」と言っても、なんにもなりません。

叱責は、1分過ぎると逆効果です。
「こんなに反省しているのに」という不満が生まれるのです。

反省も1分で終わりにします。

それ以上反省しすぎないようにします。


もちろん反省は大切です。

要は長さです。

反省することで、その人の軌道修正はできます。

薬と同じです。

薬は飲み続けるものではありません。

「風邪をひいたので、風邪薬を10箱ください」とか「風邪をひかないように先に飲んでおきます」ということはないのです。

薬の注意書には、「症状の改善が見られないときは病院に行ってください」と書いてあります。


反省も同じです。

反省しすぎは、一瞬の反省よりも効果がないのです。

それどころか、逆効果です。

反省が慢性化しないためには、反省し続けないことです。

叱るほうも、反省しているとわかったら、それ以上叱らないようにします。

二流の上司は、本人も気づいている大きなポイントを叱ります。

一流の上司は、本人が気づいていない小さいポイントを叱ります。

自分ではいいと思っていても、実はダメだということがあります。

本人の気づいていない小さいところを締めておくのです。

一流になるために その31

もう十分反省していることに、気づこう。

4章

一流の人が、人のために言わないこと。

★お節介にならないつきあい方★

32

「オススメは？」と、聞かない。

困るのは、「いい占い師さんいない？」と聞かれることです。

いい占い師さんといっても、波長があります。

自分にはよくても、その人にいいとは限らないのです。

「最近、面白い本はありますか」という質問も、その人の好みがわからなければ答えられません。

「どういう本がお好きですか」と聞くと、「中谷さんのオススメの本をとりあえず」と言うのです。

そのくせ勧めた本は読みません。

次に会った時も「何かいい本はありますか」と、同じ質問をします。

「この間の本は合いませんでしたか」と聞くと、「まだ読んでいないんです」と言うのです。

聞いてまわっている時間に本は読めるのです。

とりあえず、本はなんでも読んでみればよいのです。


オススメを聞いてまわる人は永遠に読みません。

そもそも読書習慣がないのです。


「いいレストランはありませんか」という質問も、むずかしいのです。

レストランは好みの極致です。

「現地のいいレストランを教えてください」と言われても、この『いい』が何を指しているのかわからなければ、探しようがありません。

私は、こういう時はプロに頼みます。

まんべんなく「いい」と言われているところを紹介しても、はずれる可能性があります。

ホテルのコンシェルジュは、「どこかいい和食のレストランを教えてください」という聞き方をする人はシロウトだと判断します。

「和食」が何を指しているのか、わからないのです。

ハンバーグも、ラーメンも、トンカツも和食です。

洋食のハンバーグというと、「フレンチですか」という話になります。

「洋食は和食」という、わけのわからない会話になるのです。

紹介しても、「何かいまいちだった」と言われます。

インテリアにも好みがあります。

アバウトなオススメを聞く人は、自分の軸が決まっていません。

にもかかわらず、最終的に「違う」と言うのです。

「オススメ」とか「お任せ」と言う人は、逆に危ないのです。

ごはんを食べに行く時に「なんでもいい」と言う人は、何を勧めてもはずれます。
自分の食べたいものが見えていないからです。
本の企画でも、「なんでもいいです」と言う人は、ちょっと怖いです。
「とりあえず中谷さんに企画を出していただいて、そこから選ばせていただきます」
と言うのです。
「エッ、そういう話なの？」と思います。
やりたいことが見えていないのです。
「なんでもいい」とか「お任せ」と言う人は、実は無責任です。
あとで必ず「違う」という話になります。
それなら最初から明確に絞り込んでおいたほうがいいのです。

一流になるために　その32
自分で絞り込んでおこう。

33

#「いい病院があるから、教えてあげる」と言わない。

二流の人は病院を勧めるのが好きです。
病院とか健康法は無限にあります。
アメリカでは、ダイエット法が2万6000通りあると言われています。
まだまだ増えています。
病院の見きわめ方は、たしかにむずかしいのです。
もちろんいい病院もたくさんあります。
今行っている病院がいいのかどうかは、なかなかわかりません。
その不安につけ込んで、自分がいいと思った病院を勧めるのです。

「どこかいい病院ないですか」と聞かれたのなら、勧めてもいいのです。

聞かれてもいないのに勧めるのは、セカンドオピニオンではありません。

「変えたほうがいい。そんなところダメだよ」と言われると、自分は納得して行っていたのに、急にダメなところのように思い込まされます。

治療は気持ちの問題が大きいのです。

「変えたほうがいい」と言われると、とたんにその病院の感じが悪くなるのです。

勧めている人も、すべての病院に行ったわけではありません。

たまたま行ったところがよかっただけの話です。


病院にしても、習いごとにしても、**先生との波長が合うかどうかが大きい**のです。

「その先生の言うことなら信じられる」ということです。

すべての人にベストな病院はありません。

技術よりも、波長です。

占い師さんにも、これがあります。

「いい占い師さんがいるから紹介してあげる。なかなか予約がとれないから、私が予約をとってあげる」と言うのです。

「いい人いませんか」と聞かれたわけではないのです。

占いに行く人は、たいていかかりつけの「マイ占い師さん」がいます。

自分の信ずるマイ占い師さん以外はダメというのは、一神教です。

もはやセカンドオピニオンではありません。

相手の信じている人がいたとしても、それを捨てて、我を信ぜよと言うのです。

特に、日本人にはこのタイプが多いです。

次にその人に会った時に、「行った？」と聞かれます。

「まだ」と言うと、「エッ、なんで？　すぐ行かなくちゃ。せっかく連絡してあげたのに」と、めんどうくさいことになるのです。

美容院でもこれがあります。

ファッションはプレゼントしないほうがいいのです。

自分がいいと思っても、その人の好みがあるからです。

絵や家具もむずかしいのです。

絵自体は悪くないのに、その1枚で家のトーンが崩れたりします。

絵を贈る人は、たいてい自分のあげた絵が飾ってあるかどうか見に来ます。

飾っていないと、「ユッ、なんで飾ってないの」と言われます。

そこまでするなら、家を買ってくれと言いたいです。

これはただのお節介なのです。

一流になるために　その33

自分のオススメを、押しつけない。

34

「○○さんを、どう思う？」と言わない。

「○○さんを、どう思う？」と聞く人がよくいます。

このあとは悪口の展開になります。

明らかに悪口話で盛り上がりたいという流れなのです。

ほめる人は、「○○さんって面白いね」「すごいよね」「いい人だよね」「めっちゃいいヤツ」と言います。

「○○さん、どう思う」は、平日は給湯室、土・日はレストランの女性３人の会話です。

「どう思う？」→「いい人だよね」という展開はないのです。

たとえば、ベストセラーの本を読んで面白かったら、「あのベストセラーの本、面白いよ」と言います。

「あの本はどう思う？」とは言いません。

一流の人は、自分がつまらないと思っているものは取り上げないのです。

「どこがどう面白くないか」という議論は、意味がありません。

「なぜそれが面白くないか」という話で盛り上がっても、生産性がないのです。

「どこがどんなに面白いか」は、話していて生産性があります。

唯一、その人の悪口を言ってもいいのは、その人に愛がある時です。

それは、キャラとしてかわいがっているのです。

「○○さんって、どう思う？」と聞かれると、「自分もよそでこれを言われているのかな」と思います。

「○○さんと仲悪いの？」「○○さんのこと、嫌いでしょう」という話は、「エッ、そんな話になっているんですか」とびっくりします。

小学生の会話や中学生の恋愛話のように、「○○さんのこと、好きでしょう」と言うならいいのです。

「○○さんのこと、嫌いでしょう」という話は、どう答えていいかわかりません。

嫌いなものについては語らないで、好きなものについてだけ語ればいいのです。

「○○の本は面白かった」という話はいいのです。

「○○の本は面白くなかった」という話を延々聞かされても、生産性がありません。

実際にその本を読むと、ひょっとしたら面白かった可能性もあります。

「面白くなかった」と言われることで、その本とその人との出会いをなくすのです。

面白くないものに出会った時の言い方があります。

たとえば、「この映画は平板でありがちなストーリーだから、見ないほうがいい。

だけど、ベッドシーンだけは、僕の中でことしナンバーワンなんだよね」と言うと、みんな見るのです。

これは一種のほめるレトリックです。

みんなのハードルを下げています。

「中谷さんはたいしたことないと言っていたけど、見てみたら面白いじゃないですか」ということになるのです。

ラーメン屋さんの紹介で、「ここ、おいしいよ」と言うのは二流の人です。

ここでハードルが上がるのです。

「味はたいしたことない」と言うほうが「意外とおいしいじゃん」と思えるのです。

一流になるためにその34
意見を探るより、ほめる。

35

「どこが足りないかというと」と、悪いところを指摘しない。

二流の上司であっても、「仕事した感」を持ちたいのです。

ただほめているだけでは「仕事した感」は感じられません。

二流の上司は、部下の足りないところを自分が埋めることで「仕事した感」を持とうとします。

それは仕事をしたことにはなりません。

部下が迷っているところを「それでいいんだよ」と言ってやることが、立派な上司の仕事です。

「どこができていないか」ではなく、「どこができているか」です。

100のうち、できているところは1個です。99はできていません。

できていないところを言うのは簡単です。

できていることをちゃんと指摘すると、本人がそこを意識して、成功体験になっていくのです。

二流の上司は、結果をほめて、結果を叱ります。

100のうち1個しかできていなければ、結果にはつながりません。結果をほめようと思ったら、永遠にほめられません。

一流の上司は、その結果に至った努力をほめます。

実際は、結果を出した時にも「調子に乗るなよ」と難クセをつけるのが二流の上司です。

自分の仕事がなくなるのがイヤなのです。

上司が何も言わなくても、部下が成長し、仕事がまわるのがベストです。
二流の上司は「それなら自分はいなくてもいいじゃん」と思います。
これが自己肯定感の低さです。
部下が自立すれば、上司はいらなくなります。
習いごとも、弟子が先生になるのがベストです。
二流の上司は、「自分の存在価値がなくなる」と考えるのです。

お医者さんは不思議な仕事です。
患者が来なくなるのがベストです。
「治ったら礼に来い」ということは、普通はありません。
次に来るのは具合が悪くなった時です。
「もっと来るように長引かせてやろう」という医者はいません。
ところが、二流の上司はいつまでも「自分がいないと」と思うのです。
過保護のお母さんと同じです。

子どもが自立しないことを望んでいるのです。
一流の上司は、自分が不要になることを目指します。
上司の仕事は、部下に自分を乗り越えさせることなのです。

一流になるために その35
できたところを、ほめよう。

36

「私の若いころに、似ている」と言わない。

二流の上司は、よく「私の若いころに似ている」と言います。
大きなおせわです。
自分のスタイルにはめようとしているのです。
スタイルは人それぞれです。
自分のスタイル、自分の方程式をリレーすることが「育てる」ということです。
「こういう方程式があるよ」と伝えて、相手に方程式をバトンするのです。
二流の上司は、リレーのバトンをいつまでも離しません。
先輩からもらったバトンを次の後輩に渡すのがリレーです。

いつまでもバトンを握ったまま走っていると、スピードは上がりません。

自分が方程式を後輩に渡すことで、後輩は方程式を増やしていきます。

そうすれば、後輩は自分よりさらにレベルが上がります。

バトンを離さない上司は、部下がほかの上司からアドバイスをもらうとイヤな顔をします。

「オレの言うことを信じるのか、あいつの言うことを信じるのか、どっちなんだ」と言うのです。

部下は方程式を集めているのです。

目標は、部下が自分を乗り越えていくことです。

部下に自分を乗り越えさせないようにするのは、二流の上司なのです。

一流になるために　その36

自分の枠にはめない。

37

本当の仲よしは、「仲よし」と言わない。

有名人や偉い人の話が出た時に、「○○さん、よく知っている」「仲よし」「親友」と言う人は、けっこういます。

この人は本当の仲よしではありません。

本当の仲よしは、自分から「仲よし」とは言わないものです。

控えめに「知っています」と言うぐらいの人が、本当の親友です。

1回会ったら「知っている」、2回会ったら「親友」と言ってしまうのです。

「名刺も持っている」と言いますが、そもそも親友の名刺を持っているわけがないのです。
さんざん持ち歩いて、あちこちで自慢しているので、ヨレヨレになっています。

女性でも、この現象が起こります。
ブログで有名人の写真を載せたがるタイプです。
「○○さんと仲よし」というアピールをするのです。
これは、オバサン化を通り越して、完全にオヤジ化現象が起こっています。
最初は食べたものの写真を載せています。
それがだんだん有名人の写真が一番の自慢になるのです。

写真を一緒に撮ったからといって、その人と仲がいいわけではありません。
むしろ逆です。
仲よしとの写真は、普通は撮りません。
めったに会わないから、撮っておくのです。

親友に「写真撮ろう」と言うのは、会話としてヘンです。

「○○さんと仲よし」という話は、本来、詐欺師の常套手段です。

詐欺師の事務所に行くと、必ず偉い人と一緒に撮った写真が飾ってあります。

詐欺師と同じことをやっていることに、本人は気づかないのです。

「○○さんと仲よし」と言う人は、大体の人がタメ口だったり、「○○チャン」と気安く呼んだりします。

その場に本当に親しい人がいると、失笑を買います。

みんななんとなく、それはわかっています。


言葉には、その人の生き方が出ます。

たまたまそういう言いまわしをしたのではありません。

生き方と言葉がズレていることはないのです。

単なる口グセではなく、その人がどういう生き方をしているかです。

生き方が変われば言葉は変わります。
言葉を変えることによって、生き方も変わるのです。

一流になるために その37

「○○さんと、仲よし」と言わない。

38

一見厳しい先生は、本当は優しい。

病気の話で言うと、患者さんを甘やかすか甘やかさないかという問題があります。

徳光和夫さんは、タバコを1日100本吸っていました。

心筋梗塞をやったあと、医療チームのリーダーが「徳光さん、タバコをゼロにしましょう」とアドバイスしました。

徳光さんは、「わかりました。1日40本まで減らします」と言いました。

譲歩して交渉したのです。

長年タバコを吸ってきたので、なかなかやめられません。

自分としては最大限の受入れ態勢をつくったつもりです。

その時の先生のひと言がすばらしいのです。

普通は、いろいろ手を変え品を変え、「もうちょっとなんとかなりませんか」と言うところです。

その先生は、「1日40本にします」と言われた瞬間、**「ハイ、わかりました。直ちに医療チームを解散します。よその病院に紹介状を書きます」**と言ったのです。

これは本気だということがわかります。

なんらお願いも泣きもありません。

それを聞いて、徳光さんはタバコをやめられたのです。

見事なひと言です。

おどかしで「ゼロ本にしてください」と言っているわけではないという姿勢が、このひと言でわかるのです。

厳しいけど優しいというのは、こういうことです。

優しい先生と厳しい先生のどちらを選ぶかです。

「優しい先生」と「厳しい先生」は対極ではありません。
言葉のレベルが合っていないのです。
厳しい先生は、その人のことを考えて厳しくしているので、本当は優しいのです。
優しい先生は冷たいのです。
先生は嫌われたくないから、患者さんのワガママを許します。
一見優しい先生は冷たくて、一見厳しい先生は優しいのです。
一見、優しい先生を選ぶ人は、成長しないのです。

一流になるために その38

厳しく言うことで嫌われることを恐れない。

39

ほめてくれる人を探さない。

最近、「私はほめられて伸びる人です」と言う部下がよくいます。
上司にも、このタイプが多いです。
「ほめて、ほめて」と、ほめられることを求めるのです。
上司にも上司がいます。
ほめられることを求めてまわる上司は二流です。
ほめてもらいたがる人間は工夫しません。
ほめてくれる人を探すからです。

一流の人間がほめてもらいたい人は、師匠です。

自分よりレベルの高い人間にほめてもらいたいのです。

二流の人間は自己肯定感が低いので、とにかくほめてもらいたがります。

常に「ダメな人間だと思われているんじゃないか」と思っているので、ほめてもらわないと心配なのです。

ほめてもらう方法は、
①頑張って練習をして、実戦を積んで師匠にほめてもらう
②ほめてもらう人を探す
という2つしかありません。

ほめてもらう人を探す人は、エネルギーを、探すことに使います。

1人でも多くほめてもらうには、シロウトに見せればいいのです。

シロウトはよく知らないので、何を見ても「すごい」と思います。

ダンスで師匠にほめてもらうのは大変です。

シロウトに自分のダンスの映像を見せると、「ウワー、すごいね」とほめてくれま

す。

そんなことをしている時間にもっと稽古ができるのです。

道で署名を集めるように、ほめてくれる人を探す人は、永遠にうまくなりません。

さらにレベルが下がって、自己肯定感も下がるのです。

もっと簡単な方法は、ＳＮＳに画像をアップして、シロウトの「いいね」を集めることです。

これでは本人は永遠に努力しません。

師匠もガッカリしています。

レベルの低い人にほめてもらうか、師匠にほめてもらうか、どちらを選ぶかです。

ほめてくれる人を探す上司は成長しません。

「自分はほめられて伸びるタイプ」と言う部下も、成長しないのです。

一流になるために　その39

師匠にほめてもらえるよう工夫しよう。

40

「昔の映画はよかった」と言う人は、今を見ていないだけ。

「最近の映画はつまらない。昔の映画はよかった」と言う人がいます。

「最近、何を見ましたか」と聞くと、出てくるのが20年前の映画です。

「見たい映画がない」と言うのは、見に行っていないだけです。

自分が行動していない人、体験していない人ほど、「面白くないものであって欲しい」と願います。

映画がすべて面白いわけではありません。

面白いかどうかは、自分と波長が合うかどうかで決まります。

すべての人にすべての映画の波長が合うわけがないのです。
マニアックで、とんがった映画であればあるほど、波長の合う人は少なくなります。
その代わり、波長が合うと、猛烈に面白いのです。
これが好き嫌いの幅です。

「面白い」と言う人が多いかどうかは、その映画の面白さとは関係ありません。
幅が狭いほうが、ハマった時には猛烈に面白い映画になるのです。
「昔の学生が優秀だった」と言うのは、今の学生を見ていない人です。
今の学生のほうが、はるかに優秀な学生が多いのです。
昔の映画が面白いのは、ふるいにかかって生き残っているからです。
「単行本より文庫本のほうが面白い」と言うのは、おかしいのです。
単行本で売れたから文庫本になるのです。
きわめて単純で、当たり前の話です。
昔の映画も、面白くないものは消えていって、ＤＶＤも残っていません。

面白いものだけがＤＶＤになって残っています。

それを見て「昔の映画は面白い」と言っているのです。

結局、この人は永遠に映画館に行きません。

ＤＶＤで見るのと映画館で見るのとでは、やっぱり違うのに、それがわからないのです。

一流になるためにその40
「昔は、よかった」と言わない。

41
面白くないのではない。面白さがわからないだけだ。

二流の人は、「サッカーは面白くない」とか「フィギュアは面白くない」とか言います。

それは知らないからです。

ルールがわからないと、面白がるポイントもわからないのです。

どんなものでも、勉強していなければ面白くありません。

「面白くない」というより、勉強不足でわからないのです。

一流の人は、わからない時は「わからない」と言います。

「面白くない」ではなく、「どこでどう盛り上がればいいか、わからない」と言えばいいのです。

「面白くない」と言うと、「勉強したのに、つまらない」という姿勢になります。

ベストセラーの本に限って、「あの本は面白くない」と言う人がいます。

あまり売れていない本には言いません。

本当は、「あいつ、儲けやがって面白くない」「腹の虫がおさまらない」という意味で面白くないのです。

「どういうところが面白くないのですか」と聞くと、「いや、読んでいないけど、どうせ面白くないに決まっている。大体わかる」と言うのです。

「面白くない」と言っている人のほとんどは、実体験をしていません。

「書評に書いてあった」とか「ネットで読んだ」とか言うのです。

それはネットで読んだ人の感想であって、その人の感想ではありません。

面白くないという話は伝聞情報が多いのです。

体験者の情報で「面白くない」というコメントは、圧倒的に減ります。

「ハワイは面白くない」と言う人に「ハワイのどこに行かれたんですか」と聞くと、

「いや、行ってないけどわかる」と言うのです。

行った人は、「ハワイは大分変わったけどね」「こういうヘンなところがあるよ」と言って、何か面白がれるのです。

世間の評判はたいしたことなくても、行ったら楽しいことが見つかります。

「ハワイなんか日本人ばかりだ。なんで海外に行って日本人を見なければいけないんだ」と言います。

ハワイにも日本人がほとんど来ないところはたくさんあります。

ステレオタイプの伝聞情報で「面白くない」と言う人は、体験していないのです。

体験せずに「面白くない」と言う人の情報を、また聞きするのが好きな人もいます。
この人もまた、体験が好きではない人です。
体験が好きな人は、「面白かった」という情報を聞きます。
体験が嫌いな人は、「面白くない」という情報を集めます。
体験が好きな人は、体験が好きな人から情報を集めます。
体験が嫌いな人は、体験が嫌いな人から情報を集めます。
本当の情報は、体験が好きな人からしか、入ってこないのです。
体験が好きな人が、一流の人なのです。

一流になるために その41

未体験で、「面白くない」と言わない。

5章

一流の人が、追いつめられたとき言わないこと。

★リーダーになる人の尊敬される話し方★

42

「万が一の時、責任は誰がとるんだ」と言わない。

企画会議の時に、一流の上司と二流の上司とが分かれます。

チャレンジングで面白そうな企画はリスクが伴います。

たとえば、ビュッフェをやろうという企画が出ます。

二流の上司は、「相撲部が毎日来たら、赤字だよ」と言って、その企画をつぶします。

一流の上司は、「どれぐらいの比率で相撲部が来るか、やってみましょう」と言います。

実際にやってみると、ビュッフェで原価以上食べる人は2％しかいないことがわかります。

二流の上司は「調査しよう」と言います。

「やってみよう」と「調査しよう」は違います。

相撲部に行って「こういうサービスがあったら、どのぐらいの頻度で利用したいですか」と聞くと、「毎日」に丸がつきます。

調査はあくまでアンケートで、実際の行動ではないのです。

とりあえずやって、ダメだったら対策を考えられるのが、一流の人です。

二流の人は、とにかく自分で責任をとりたくないのです。

ＯＫしたことが失敗したら、調査のせいにします。

最悪の事態ばかり想定して、調査で自分の責任を逃れようとするのです。

一流になるために　その42

「責任はすべて自分にある」と言おう。

43

みんながすでに言っていることは、言わない。

部下から「会社を辞めて独立したい」という相談を受けました。
ここで辞めることを勧めるか、それとも残ることを勧めるかです。
辞めて独立することを勧めるほうが、なんとなく一流っぽく感じます。
あながちそうではありません。
では、逆かというと、それも違います。
アドバイスを求める人は、いろいろな人に聞いています。
みんなに言われた逆のことを言えるのが、一流の人です。
みんなに「辞めたほうがいい」と言われて、本人も納得したら、相談はそこでやめています。

10人に聞いて、10人がそう言ったのです。

自分も辞めたいと思っていたら、10人までいかなくても辞めます。

それでも相談に来るのは、自分の気持ちが「残ったほうがいい」に固まっているからです。

みんなに言われていないことが、その人の本当の気持ちです。

大切なのは背中を押すことです。

「背中を押す」という言葉を表面的にとらえると、「辞めることの背中を押す」ということになります。

そうではありません。

その人の本当の気持ちを勧めることが、「背中を押す」ということです。

今の時代はこんなに離婚が増えているのに、人に相談すると「夫婦はみんな大変だよ」と言って、離婚を踏みとどませることが多いのです。

親がわりの人がいっぱいいて、「子どもがもう少し大きくなってから」「子どもがかわいそうだよ」とアドバイスするのです。

みんなに反対されてきたことはわかります。

その人が本当に求めているのは、「もう離婚してしまえばいい。自分のためにお母さんがガマンしたと思ったら、子どもがかわいそうだ」という言葉です。

自分の意見を言うのではなく、今、相手が求めている意見を感じ取って、それを言ってあげるのです。

さんざん聞いてまわって、なおかつまだ聞きに来るのです。

求めている意見は、みんなが言わない意見です。

みんなが言う意見をさらに上乗せしても、その人の判断基準にはなりません。

最終的には本人が判断します。

AとBの方法があったら、両方のメリット・デメリットをちゃんと言います。

「悪いことを言わないから、こちらにしておきなさい」と言うのは、他人の人生を左右しています。

二流のコンサルタントは、自分の意見を押しつけます。

一流のコンサルタントは、**「Aを選んだらこうなります。Bを選んだらこうなります」**と言います。

二流のコンサルタントは「Aにしなさい」としか言いません。

占い師さんにも、一流と二流がいます。

二流の占い師は、不倫の相談をされると「不倫はいけません」と言います。

それはその人の価値基準です。

「このまま進んだらこうなる。別れたらこうなる」と言うのが、一流の占い師です。

アドバイスでは自分の意見を言わないようにします。

主役はあくまで相談者なのです。

一流になるために　その43

他の人がすでに言っていることに気づこう。

44

現場のスタッフに、クレームを言わない。

時にはお店のためにクレームを言うほうがいいこともあります。

ただし、クレームは現場のスタッフに言わないようにします。

トラブルの原因は現場にはありません。

現場の人間は、上の人間に言われてやっているだけです。

たとえば、指紋のついたナイフ・フォークは、それを持ってきたウエイトレスのせいではありません。

洗って運ぶ途中で、すでについていたのです。

バイトなので、そこまでは気づきません。

そんな給料はもらっていないのです。

かわいそうなことに、そのウエイトレスは店長に怒られて泣いてしまいました。

せっかく頑張ってバイトしようと思っていたのに、辞めてしまうのです。

クレームを言うなら、リーダーに言います。

現場の人間に責任はありません。

中で起こっていることのすべての責任は、リーダーにあります。

何かの仕組みで途中で指紋がつく流れになっていたのだから、それを直せばいいのです。

問題は、人にはありません。仕組みにあります。

オシャレなお店は、黒いお皿に高級料理を盛りつけています。

黒いお皿に指紋がつくと、目立つのです。

せっかくの料理が台なしです。

指紋を見ないようにしても、やっぱり気になります。

料理をつくった人にも申し訳ないことです。

料理をつくった人は、絶対に指紋をつけません。
お皿まで含めて自分の作品だからです。
せきをしながら料理を運ぶ人がいたら、イヤです。
食べないのも感じが悪くなります。
これは店長が優しいからです。
かわいそうだから「今日は上がっていいから」と言えないのです。
どんなにおいしくても、しばらくその店には行かなくなります。
これは実話です。
店長は、サービスマンとしてはいい人です。
ただし、リーダーとしては問題があるのです。

一流になるために その44

クレームはリーダーに言う。

45
「社長と、直接話したい」は、言わない。

うちの秘書室に「中谷先生と直接話をしたい」という電話がたまにかかってきます。秘書に伝言しないのです。

「承ります」と言っても、「とにかく中谷先生と直接話がしたい」と言うのです。

大体そういう人とは、私はあまり話したいとは思いません。

誰だかわからないし、秘書とか受付の人をバカにしています。

「あんたにはわからない」と言っているようなものです。

「直接、熱意を伝えたい」という気持ちはわからないでもありません。

でも、**担当の人にはリスペクトが必要です。**

こういう人は何度も電話をかけてきます。

「とにかく連絡先を教えろ。直接話すから」という姿勢の人は、連絡してもらえないし、連絡先も教えてもらえません。

一流の人は、ちゃんと窓口の人から順々に話ができます。

得意先のトップといきなり会えることはありません。

「トップの人と会わないなら意味がない」と言う人は、永遠にトップの人につないでもらえなくなります。

窓口の人はトップの人の代理です。

年齢が若いとか、肩書が低いからといって会わないのはおかしいのです。

「自分は社長で来ているのだから、そっちも社長で出せ」ということはないのです。

国会議員は、本人が直接、相手側の秘書に電話をかけます。
「本人を出せ」とは言いません。
それをしないと、国会議員は務まらないのです。

一流になるために その45
担当の人を、リスペクトしよう。

46

「みんな、わからないよ」と言う時、わからないのは、自分自身だよ。

企画会議の時に、あまり乗り気でない企画に対して、「みんなわかるかな。僕はわかるけど」と言う上司がいます。

本当は、その上司自身がわかっていないのです。

一流の上司は、素直に「ゴメン、わからない」と言います。

上司でもすべてのことがわかるわけではありません。

最近の流行物とか、とんがった企画ほど、面白さがわかりにくいのです。

広告代理店のプレゼンテーションは、オーソドックスな企画、とんがった企画、守りの企画など、混ぜて提出します。

とんがった企画に対して、**「これはわからない」**と言う人が一流です。

「僕はわかるけど、みんなわかるかな」と言うと、「何わかっているふりしてるんだ」と思われます。

結局、それはボツになります。

「僕がわからないから、ボツ」と言うならいいのです。

「僕はわかるけど、みんながわからないからボツ」と言う人は、経営者としては二流です。


たとえば、マニキュアのコマーシャルにタレントを起用します。

社長は、マニキュアはしていません。

マニキュアのターゲットは、若い女性です。

若い女性が知っているタレントは、オヤジは知りません。

社長は「あまり有名じゃないな」と言うのです。

それは自分にとって有名じゃないだけです。

オヤジにとって有名なタレントは、逆にターゲットの女性は知りません。

「○○は使えないのかね」「もうお亡くなりになりました」というやりとりが、けっこうあります。


そこで「娘に聞いてみます」「孫に聞いてみます」と言えるのが一流の経営者です。

自分はターゲットではないことが、わかっている人だからです。

一流になるために その46
「みんな、わからないよ」と言わない。

47
「売れている理由が、わからない」と、言わない。

ベストセラー商品に対して、「あんなモノが売れる意味がわからない」と悪口を言う人がいます。

よそで売れているモノは、とにかく気に入らないのです。

最終的には、何もやっていないのに「あれはオレも考えていた」と言い出します。

そういう人は、いつまでたっても自分自身でヒット商品を出せません。

大切なのは、それが売れている理由を考えることです。

理由なく売れるモノはないのです。

よそのヒット商品には表層的な分析をしがちです。

東京ディズニーランドが大人気なのも、「だってディズニーだもん」で終わりです。

それなら、ほかの世界のディズニーランドは、どうなのか。

東京ディズニーランドだけが、なんでこんなに稼いでいるのか。

そんなことは考えません。

実際に行きもしないで、「本国からマニュアルをもらって、そのとおりやっていればいいんだから」と言うのです。

実際に本国でこんなことをやっているのかどうか、見てみろと言いたいです。

厳しい日本のお客様に合うようにアレンジされたから、生き残っているのです。

スターバックスもしかりです。

売れているところは、すべて厳しい戦いをして、細かい工夫を積み重ねています。

「ディズニーランドだから売れる」とか「スターバックスだから売れる」ということは、ありえません。

「自分のところは知名度が低い」とか「立地が悪い」とか、グズグズ言わないことです。

すべてのことについて、自分の悪い条件と相手のいい条件を比較して議論するのは、二流の人です。

どんなにトップのところも、何かの工夫をしています。

売れているモノには売れる理由があります。

なんの理由もなく売れるモノはありえないのです。

ＴＶコマーシャルで売れる時代は、とっくに終わっています。

「ＴＶコマーシャルを打つ予算がないから売れない」というのは、間違った思い込みです。

売れているモノは、そんなことをしなくても売れるのです。

タレント本だから売れる、ＴＶ本だから売れる、ゲーム攻略本だから売れるとか、そんな単純なことではありません。

宝塚もジャニーズも劇団四季も、売るためにはとてつもない工夫を積み重ねています。

それを分析して研究すればいいのです。

二流の人は、分析をせずに、感覚評論をします。

「感覚評論」と「分析」とは違います。

分析には、善悪もねたみ・やっかみも伴いません。

うまくいっているものは、きちんと分析をしてマネします。

その時に、表層のマネだけではなく、本質を見抜きます。

本質を見抜くために、実体験が大切なのです。

一流になるために その47

売れている理由を分析しよう。

48

「○○って、流行ってるけど、どう？」と言わない。

「○○って流行っているけど、どう？」と聞く人がいます。

これは「○○さんをどう思う？」と聞くのと同じです。

「そんなことを言う前に行きなさいよ」と言いたくなります。

二流の人は、体験しないで話を聞いてばかりいます。

面白い本を人に聞くよりは、とりあえず気になった本を本屋さんで買って読んだほうが早いのです。

これは情報化社会で起こりがちな現象です。

自分自身の体験は1次情報です。

人から聞いた話は2次情報です。

情報化社会は、2次情報が無限に増えていきます。

情報化社会になる前は1次情報の比率が圧倒的に高かったので、体験していないものは「体験していないんだな」と自分でもわかります。

2次情報がこれだけ増えていくと、疑似体験なのに、あたかも自分がそれを体験したかのような錯覚に陥るのです。


今は1次情報を得られる体験が、どんどん減っています。

減っていることにも気づきません。

見ていないのに見たかのような気がしたり、行っていないのに行ったかのような気がして、とうとうと語るのです。

語っている内容は、
①紋切型の「つまらない」

②「どうせつまらないに決まっている」

という2つのコメントです。

別のところに話をすりかえて、難クセをつけるのです。

どんなことでも、体験した人にはかないません。

一流の人は、グズグズ言わないで、人に聞く前に、即、体験します。

体験すれば、「行ってみたら、こうだった」と言えるのです。

一流になるために　その48

聞く前に、体験してみよう。

49

「不安だ」と言わない。

二流のリーダーは、「不安だよね」と言います。

そんなことを言うヒマがあったら工夫するのが、一流のリーダーです。

「不安だ不安だ」と言っても不安はなくならないし、「心配だ心配だ」と言っても心配はなくなりません。


不安と心配は、工夫でしか乗り越えることはできないのです。

どこまで行ったら心配がなくなるということはありません。

貯金と同じです。

たとえ1億円あっても、新たな心配が生まれたり、もっとないと心配なのです。

「万が一のことがあったらどうしよう」ではなく、「万が一のことがあったら、最悪こうしよう」と決めておきます。

「不安だ」「心配だ」「どうするどうする」と言い続けている間は、永遠に工夫ができないのです。

一流になるために　その49
恐れを言うヒマがあったら、工夫しよう。

50

おわりに

一流の人は、不運を幸福に変えることができる。

「自分は運が悪い」とか「ついてない」と言うのは、二流の人です。

ネガティブなことばかり言っている時点で、人はついて来ないのです。

うまくいっている人間に対して、

「オレは本当はこんなことをやりたかったんじゃない」

「オレは運が悪い」

「あいつは運がいい」

と言うのです。

一流の人は、不運を幸福に変える仕組みを工夫しています。

幸運は求めていないので、ギャンブル的なことはしません。

不運が来ても幸運が来ても、どちらも幸福になる方法をコツコツ見出せるのが一流の人です。

神社で「宝くじが当たりますように」とか「遺産が転がり込みますように」とお願いするのは、幸運・不運を待っているだけです。


大切なのは、幸福か不幸かということです。

二流の人は幸運を求め、一流の人は幸福を求めます。

二流の人は、幸運が来ようが、不運が来ようが、どちらも幸福に持って行く仕組みがわかっていないのです。

病院に行って何事もなければ、幸運です。

病院で初期の病気が見つかった時に、「行ってよかった」と先生に感謝できるのが一流の人です。

二流の人は「あそこの歯医者さんは虫歯を見つけるんだよね」と怒っています。

虫歯を見つけられない歯医者さんのほうがダメなのに、「あの歯医者さんは虫歯を見つけるから嫌い」と言うのです。

病気が初期段階で見つかったら、治療する。

生活習慣を改善したり、具体的な対応ができます。

そこで落ち込むのは、まったくムダです。

そのストレスで病気が進んでしまいます。

「ついてない」と言ってもはじまらないのです。

一流の人は「ついている」と言うことで、不運を幸福に導くのです。

一流になるためにその50

「ついている」と言おう。

主な作品一覧

<ビジネス>

【ダイヤモンド社】
『なぜあの人の話は楽しいのか』
『なぜあの人はすぐやるのか』
『なぜあの人の話に納得してしまうのか［新版］』
『なぜあの人は勉強が続くのか』
『なぜあの人は仕事ができるのか』
『なぜあの人は整理がうまいのか』
『なぜあの人はいつもやる気があるのか』
『なぜあのリーダーに人はついていくのか』
『なぜあの人は人前で話すのがうまいのか』
『プラス1%の企画力』
『こんな上司に叱られたい。』
『フォローの達人』
『女性に尊敬されるリーダーが、成功する。』
『就活時代しなければならない50のこと』
『お客様を育てるサービス』
『あの人の下なら、「やる気」が出る。』
『なくてはならない人になる』
『人のために何ができるか』
『キャパのある人が、成功する。』
『時間をプレゼントする人が、成功する。』
『会議をなくせば、速くなる。』
『ターニングポイントに立つ君に』
『空気を読める人が、成功する。』
『整理力を高める50の方法』
『迷いを断ち切る50の方法』
『初対面で好かれる60の話し方』
『運が開ける接客術』
『バランス力のある人が、成功する。』
『映画力のある人が、成功する。』
『逆転力を高める50の方法』
『最初の3年その他大勢から抜け出す50の方法』
『ドタン場に強くなる50の方法』
『アイデアが止まらなくなる50の方法』
『メンタル力で逆転する50の方法』
『超高速右脳読書法』
『なぜあの人は壁を突破できるのか』
『自分力を高めるヒント』
『なぜあの人はストレスに強いのか』
『なぜあの人は仕事が速いのか』
『スピード問題解決』
『スピード危機管理』
『スピード決断術』
『スピード情報術』
『スピード顧客満足』
『一流の勉強術』
『スピード意識改革』
『お客様のファンになろう』
『成功するためにしなければならない80のこと』
『大人のスピード時間術』
『成功の方程式』
『なぜあの人は問題解決がうまいのか』
『しびれる仕事をしよう』
『「アホ」になれる人が成功する』
『しびれるサービス』
『大人のスピード説得術』
『お客様に学ぶサービス勉強法』
『大人のスピード仕事術』
『スピード人脈術』
『スピードサービス』
『スピード成功の方程式』
『スピードリーダーシップ』
『大人のスピード勉強法』
『一日に24時間もあるじゃないか』
『もう一度会いたくなる人の聞く力』
『「できません」とは言わない』
『出会いにひとつのムダもない』
『お客様がお客様を連れて来る』
『お客様にしなければならない50のこと』
『30代でしなければならない50のこと』
『20代でしなければならない50のこと』
『なぜあの人の話に納得してしまうのか』
『なぜあの人は気がきくのか』
『なぜあの人は困った人とつきあえるのか』
『なぜあの人はお客さんに好かれるのか』
『なぜあの人はいつも元気なのか』
『なぜあの人は時間を創り出せるのか』
『なぜあの人は運が強いのか』
『なぜあの人にまた会いたくなるのか』
『なぜあの人はプレッシャーに強いのか』

【ファーストプレス】
『「超一流」の会話術』
『「超一流」の分析力』
『「超一流」の構想術』
『「超一流」の整理術』
『「超一流」の時間術』
『「超一流」の行動術』
『「超一流」の勉強法』
『「超一流」の仕事術』

【PHP研究所】
『［図解］お金も幸せも手に入れる本』
『もう一度会いたくなる人の聞く力』
『もう一度会いたくなる人の話し方』
『【図解】仕事ができる人の時間の使い方』
『仕事の極め方』
『【図解】「できる人」のスピード整理術』
『【図解】「できる人」の時間活用ノート』

【PHP文庫】
『中谷彰宏　仕事を熱くする言葉』
『入社3年目までに勝負がつく77の法則』

【三笠書房・知的生きかた文庫／王様文庫】
『お金で苦労する人しない人』

【オータパブリケイションズ】
『せつないサービスを、胸きゅんサービスに変える』
『ホテルのとんがりマーケティング』
『レストラン王になろう2』
『改革王になろう』

【➡ p189へ】

『強引に、優しく。』
『品があって、セクシー。』
『キスは、女からするもの。』

【KK ベストセラーズ】
『誰も教えてくれなかった大人のルール恋愛編』

【阪急コミュミケーションズ】
『いい男をつかまえる恋愛会話力』
『サクセス&ハッピーになる５０の方法』

【あさ出版】
『「いつもでもクヨクヨしたくない」とき読む本』
『「イライラしてるな」と思ったとき読む本』
『「つらいな」と思ったとき読む本』

【きずな出版】
『ファーストクラスに乗る人のお金』
『ファーストクラスに乗る人のノート』
『ギリギリセーーフ』

『輝く女性に贈る　中谷彰宏の魔法の言葉』（主婦の友社）
『「ひと言」力。』（パブラボ）
『一流の男　一流の風格』（日本実業出版社）
『「あと1年でどうにかしたい」と思ったら読む本』(主婦の友社)
『変える力。』（世界文化社）
『なぜあの人は感情の整理がうまいのか』（中経出版）
『人は誰でも講師になれる』（日本経済新聞出版社）
『会社で自由に生きる法』（日本経済新聞出版社）
『全力で、1ミリ進もう。』（文芸社文庫）
『だからあの人のメンタルは強い。』（世界文化社）
『「気がきくね」と言われる人のシンプルな法則』（総合法令出版）
『だからあの人に運が味方する。』（世界文化社）
『だからあの人に運が味方する。（講義 DVD 付き』（世界文化社）
『なぜあの人は強いのか』（講談社＋α文庫）
『占いを活かせる人、ムダにする人』（講談社）
『贅沢なキスをしよう。』（文芸社文庫）
『3 分で幸せになる「小さな魔法」』（マキノ出版）
『大人になってからもう一度受けたいコミュニケーションの授業』（アクセス・パブリッシング）
『運とチャンスは「アウェイ」にある』（ファーストプレス）
『「出る杭」な君の活かしかた』（明日香出版社）
『大人の教科書』（きこ書房）
『モテるオヤジの作法2』（ぜんにち出版）
『かわいげのある女』（ぜんにち出版）
『壁に当たるのは気モチイイ　人生もエッチも』（サンクチュアリ出版）
『ハートフルセックス』【新書】（KKロングセラーズ）
書画集『会う人みんな神さま』（DHC）
ポストカード『会う人みんな神さま』（DHC）

<面接の達人>（ダイヤモンド社）

『面接の達人　バイブル版』
『面接の達人　面接・エントリーシート問題集』

『サービス王になろう2』
『サービス刑事』

【あさ出版】
『気まずくならない雑談力』
『人を動かす伝え方』
『なぜあの人は会話がつづくのか』

【学研パブリッシング】
『かわいがられる人は、うまくいく。』
『すぐやる人は、うまくいく。』

『仕事は、最高に楽しい。』（第三文明社）
『20代でグンと抜き出る ワクワク仕事術66』（経済界・経済界新書）
『会社を辞めようかなと思ったら読む本』（主婦の友社）
『「反射力」早く失敗してうまくいく人の習慣』（日本経済新聞出版社）
『伝説のホストに学ぶ82の成功法則』（総合法令出版）
『富裕層ビジネス　成功の秘訣』（ぜんにち出版）
『リーダーの条件』（ぜんにち出版）
『成功する人の一見、運に見える小さな工夫』（ゴマブックス）
『転職先はわたしの会社』（サンクチュアリ出版）
『あと「ひとこと」の英会話』（DHC）
『オンリーワンになる仕事術』（KKベストセラーズ）

＜恋愛論・人生論＞

【ダイヤモンド社】
『なぜあの人は逆境に強いのか』
『25歳までにしなければならない59のこと』
『大人のマナー』
『あなたが「あなた」を超えるとき』
『中谷彰宏金言集』
『「キレない力」を作る50の方法』
『お金は、後からついてくる。』
『中谷彰宏名言集』
『30代で出会わなければならない50人』
『20代で出会わなければならない50人』
『あせらず、止まらず、退かず。』
『「人間力」で、運が開ける。』
『明日がワクワクする50の方法』
『なぜあの人は10歳若く見えるのか』
『テンションを上げる45の方法』
『成功体質になる50の方法』
『運のいい人に好かれる50の方法』
『本番力を高める57の方法』
『運が開ける勉強法』
『ラスト3分に強くなる50の方法』
『答えは、自分の中にある。』
『思い出した夢は、実現する。』
『習い事で生まれ変わる42の方法』
『面白くなければカッコよくない』
『たった一言で生まれ変わる』
『なぜあの人は集中力があるのか』
『健康になる家　病気になる家』
『スピード自己実現』
『スピード開運術』
『失敗を楽しもう』
『20代自分らしく生きる45の方法』
『受験の達人2000』
『お金は使えば使うほど増える』
『大人になる前にしなければならない50のこと』
『会社で教えてくれない50のこと』
『学校で教えてくれない50のこと』
『大学時代しなければならない50のこと』
『昨日までの自分に別れを告げる』
『人生は成功するようにできている』
『あなたに起こることはすべて正しい』

【PHP研究所】
『中学時代がハッピーになる30のこと』
『頑張ってもうまくいかなかった夜に読む本』
『仕事は、こんなに面白い。』
『14歳からの人生哲学』
『受験生すぐにできる50のこと』
『高校受験すぐにできる40のこと』
『ほんのささいなことに、恋の幸せがある。』
『高校時代にしておく50のこと』
『中学時代にしておく50のこと』

【PHP文庫】
『お金持ちは、お札の向きがそろっている。』
『たった3分で愛される人になる』
『自分で考える人が成功する』
『大人の友達を作ろう。』
『大学時代しなければならない50のこと』
『なぜ彼女にオーラを感じるのか』

【三笠書房・知的生きかた文庫／王様文庫】
『読むだけで人生がうまくいく本』

【大和書房】
『結果がついてくる人の法則58』

【だいわ文庫】
『なぜか「美人」に見える女性の習慣』
『いい女の教科書』
『いい女恋愛塾』
『やさしいだけの男と、別れよう。』
『「女を楽しませる」ことが男の最高の仕事。』
『いい女練習帳』
『男は女で修行する。』

【学研パブリッシング】
『美人力』
『魅惑力』
『冒険力』
『変身力』
『セクシーなお金術』
『セクシーな出会い術』
『セクシーな整理術』
『セクシーなマナー術』
『セクシーな時間術』
『セクシーな会話術』
『セクシーな仕事術』
『王子を押し倒す、シンデレラになろう。』
『口説きません、魔法をかけるだけ。』

［➡ p188へ］

中谷彰宏（なかたに　あきひろ）
1959年大阪府生まれ。84年早稲田大学第一文学部演劇科を卒業。博報堂に入社し、CMプランナーを務める。91年独立し、中谷彰宏事務所を設立。著作は『一流の男 一流の風格』（日本実業出版社）、『ファーストクラスに乗る人のお金』（きずな出版）など、930冊を超す。【中谷塾】を主宰し、全国で、ワークショップ、講演活動を行なう。大前研一氏の「アタッカーズ・ビジネススクール」や、ビジネス・ブレークスルー「ビジネスマン健康カレッジ」などの講師としても活躍。

※本の感想など、どんなことでも、お手紙を楽しみにしています。
　他の人に読まれることはありません。**僕は、本気で読みます。**

〒113-0033　文京区本郷3-2-12　御茶の水センタービル
　日本実業出版社　編集部気付　中谷彰宏　行
※食品、現金、切手等の同封は、ご遠慮ください

【中谷彰宏 公式サイト】http://www.an-web.com/

一流《いちりゅう》の人《ひと》が言《い》わない50のこと

2014年6月1日　初版発行
2014年11月1日　第4刷発行

著　者　中谷彰宏

発行者　吉田啓二

発行所　株式会社日本実業出版社　東京都文京区本郷3－2－12 〒113-0033
大阪市北区西天満6－8－1 〒530-0047

編集部　☎03－3814－5651
営業部　☎03－3814－5161　振　替　00170－1－25349
http://www.njg.co.jp/

印刷／壮光舎　製本／若林製本

この本の内容についてのお問合せは、書面かFAX（03－3818－2723）にてお願い致します。
落丁・乱丁本は、送料小社負担にて、お取り替え致します。

ISBN 978-4-534-05189-9　Printed in JAPAN